Raffaele Camn.

GENERAZIONE GOLDRAKE

**Ritratto della generazione
dei mitici anni '80**

Societa', sport, musica, Tv, cinema, moda
Tra Boomers, Generazione X, Y e Z

1

Raffaele Cammarota
GENERAZIONE GOLDRAKE
Ritratto della generazione dei mitici anni '80

Proprietà letteraria riservata
© Raffaele Cammarota

Indice

Noi che sognavamo con poco e credevamo di avere il mondo in mano,
dimenticando che ci mancavano pure i soldi per un panino, oggi siamo
dirigenti, scrittori, avvocati, dottori,
ma il cuore e la mente ci porta sempre a quegli anni,
leggeri e spensierati...

Noi che danzavamo al ritmo incalzante degli anni '80, avvolti da una
magia che solo la musica e le luci di quei tempi sapevano regalare,
ancora oggi i nostri cuori battono all'unisono nel ricordo
di quell'atmosfera indimenticabile.

a Michele e Gabriele

a Franco Galiano
maestro e amico

Introduzione

Cosa accomuna i nati tra gli anni Sessanta e i Settanta?

Semplice: l'aver vissuto da bambini o giovani i mitici **anni '80**.

Anni incredibili che hanno segnato l'infanzia della Generazione X, e in particolare della **"Generazione Goldrake"**, i nati tra il 1966 e il 1976, quando ci si divertiva con niente, un pallone o delle figurine, quando per vedersi si diceva la fatidica frase "Ci vediamo dopo in centro!", e chi c'era c'era, senza cellulari o social per comunicare o avvertirsi.

Non c'era internet, non c'era google, non c'erano smartphone, reality show, grandi fratelli.

Per conoscere le ultime notizie bisognava aspettare il telegiornale, per le previsioni del tempo occorreva aspettare la sera dopo "Almanacco del giorno dopo".

Le ricerche si facevano in biblioteca, e per telefonare bisognava prima convertire le monete in gettoni, e poi trovare una cabina libera.

Anni pieni di cadute e ginocchia massacrate, di pomeriggi a pane e nutella, di polmoniti sfiorate per giocare a pallone ore intere in strada, con corse a casa con le magliette zuppe di sudore per vedere in tempo Goldrake, Mazinga, Heidi.

Icona popolare per eccellenza: Goldrake, il celebre robot giapponese con Actarus protagonista, che ha appassionato intere schiere di bimbi e giovani italiani, divenendo il simbolo di una nuova generazione che cercava di affrontare le sfide di un mondo in rapida evoluzione in modo deciso, positivo e resiliente allo stesso tempo.

Con 500 lire ci si sentiva tanto ricchi da passare tempo interminabile in sala giochi, 10.000 lire sembravano una cifra astronomica, quando un ghiacciolo costava 150 lire e un pacchetto di figurine 50.

Non c'era la Playstation, al massimo c'era il Commodore 64.

Con poche figurine o un pallone si trascorrevano dei pomeriggi interi, con in sottofondo tanta splendida musica irripetibile.

Ragazzi cresciuti con il mito ed i valori positivi di Actarus e Sandokan, con Paolo Rossi e la filastrocca dei campioni '82: Zoff, Gentile, Cabrini, Oriali, Collovati, Scirea...

Anni '80: un decennio con un'energia ed un'alchimia uniche, che hanno segnato per sempre una generazione unica nella storia umana: la "Generazione Goldrake", l'unica in assoluto ad aver vissuto, da giovani, due mondi completamente diversi.

Cosi' cercheremo di cogliere l'essenza di quegli anni straordinari, esplorando lo spirito del tempo, le storie e le esperienze di coloro che hanno vissuto quegli anni. Sarà un viaggio affascinante nel passato, che ci permetterà di comprendere meglio il presente, noi stessi, le radici e l'evoluzione della società italiana, partendo dai Boomers del dopoguerra fino ad arrivare alle Generazioni Z e Alpha dei giorni nostri. Perche' occorre necessariamente conoscere il passato per riuscire a capire il presente e orientare positivamente il futuro.

Prepariamoci a immergerci in un'epoca irripetibile di musica, tv, sport, moda, sfide e storiche rivoluzioni sociali.

Benvenuti nella Generazione Goldrake.

Buon viaggio amici.

Raffaele

LE GENERAZIONI
DAL DOPOGUERRA AD OGGI

Generazione è il termine che, da un punto di vista sociologico, indica l'insieme di persone che hanno vissuto nello stesso periodo storico e che hanno assistito, subìto o sono stati influenzati dagli eventi che lo hanno caratterizzato. Sono individui che hanno in comune esperienze di vita, ricordi e tendenze socio-culturali molto simili.

Il fatto di essere nati in un certo momento storico influenza in maniera determinante il proprio modo di pensare, di agire, di comunicare ed incide in maniera rilevante sulle abitudini, sui ricordi e sui gusti della persona per tutta la vita.

Ogni generazione ha i suoi film cult, i suoi libri, i suoi giochi, i suoi campioni, le sue musiche, i suoi miti e le sue aspirazioni.

Un imprinting che rimarrà per sempre nel dna dell'individuo e influenzerà in maniera determinante visione di vita, scelte e comportamenti.

Parliamo di generazioni per schematizzare i sogni, le aspirazioni, i modi di pensare e di agire di categorie di persone accomunate dal fatto di essere nate in un determinato periodo.

L'età, infatti, insieme al sesso ed alle condizioni economiche, è uno dei fattori che consentono immediatamente e semplicemente di fornire indizi utili per classificazioni di carattere generale.

Ovviamente si tratta di generalizzazioni, che vanno prese con le molle, ma che ci aiutano a capire meglio l'evoluzione della società, dei costumi, e comprendere in tal modo molto meglio il presente con tutte le sue bellezze e contraddizioni.

Nello stesso lasso di tempo, possono essere presenti più generazioni. Quelle più recenti e attualmente presenti sono:

- **Tradizionalisti**
- **Baby Boomers**
- **Generazione X (e la Generazione Goldrake)**
- **Generazione Y (detta anche Millennials)**
- **Generazione Z**
- **Generazione Alfa.**

All'interno della Generazione X poi ho individuato un'ulteriore periodo piu' breve, con caratteristiche davvero uniche e peculiari, in cui sono nati gli appartenenti a quella che ho definito la **"Generazione Goldrake"**.

Analizziamone i tratti salienti, per poi addentrarci nel dettaglio in quella oggetto del libro in compagnia di Goldrake.

I TRADIZIONALISTI – I nati tra il 1925 e il 1946

E' la generazione dei nostri padri e nonni, una generazione che purtroppo sta scomparendo. Composta da individui nati tra il 1925 e il 1946. Hanno vissuto in prima persona le tragedie delle guerre, non hanno molta fiducia nel cambiamento e sono ancorati a valori quali la famiglia, il lavoro, il risparmio.

Spesso definita come la "Generazione silenziosa" tendono ad avere un forte senso di disciplina, sacrificio e dovere. Sono cresciuti in un'epoca in cui la stabilità e la sicurezza erano valori prioritari rispetto all'espressione individuale.

I tradizionalisti di questa generazione sono spesso descritti come laboriosi, rispettosi dell'autorità e orientati al dovere. Hanno vissuto in un'epoca in cui i ruoli di genere erano rigidamente definiti, con gli uomini che assumevano il ruolo di "capo famiglia" e le donne spesso impegnate nelle responsabilità domestiche.

La generazione dei tradizionalisti ha assistito a notevoli cambiamenti nel corso della loro vita, inclusi i progressi tecnologici, il movimento per i diritti civili e i cambiamenti sociali. Tuttavia, molti di loro mantengono ancora una mentalità tradizionale, con una forte adesione ai valori familiari, alle istituzioni sociali e alle norme culturali.

I BOOMERS – I nati tra il 1946 e il 1962

È la generazione che ha modellato il mondo come lo conosciamo: la generazione "on the road", quella delle rivoluzioni culturali, del pacifismo e del femminismo, dei grandi raduni e del rock .

È stata chiamata così perché rappresenta il periodo in cui vi fu un notevole aumento delle nascite, il cosiddetto "baby boom". Ecco alcune caratteristiche e valori tipici associati ai boomers:

Valori tradizionali: I boomers sono spesso associati a valori tradizionali e conservatori. Molti di loro sono cresciuti in famiglie con ruoli di genere chiaramente definiti, in cui il padre era l'unico sostentatore della famiglia e la madre si occupava delle faccende domestiche.

Ambizione e lavoro duro: I boomers sono noti per il loro impegno e dedizione al lavoro. Molto spesso sono cresciuti con l'idea che il successo si ottiene attraverso il duro lavoro e la determinazione. Molte persone di questa generazione hanno raggiunto posizioni di leadership e hanno avuto carriere di successo.

Idealismo e impegno sociale: I boomers sono cresciuti in un'epoca di grandi cambiamenti sociali e politici, come i movimenti per i diritti civili, il movimento pacifista e il femminismo. Molti di loro sono stati attivi in questi movimenti o hanno abbracciato ideali di uguaglianza, giustizia sociale e pace.

Sfidare l'autorità: Nonostante i valori tradizionali, i boomers sono stati anche noti per il loro spirito ribelle e la propensione a sfidare l'autorità costituita. Hanno giocato un ruolo importante nel movimento hippie e nelle proteste contro la guerra del Vietnam.

Mentalità consumistica: La generazione dei boomers è stata una delle prime ad essere influenzata dalla crescente cultura del consumismo. L'aumento del benessere economico dopo la guerra ha portato a un maggiore accesso ai beni di consumo e molti boomers hanno sviluppato un attaccamento ai beni materiali.

Fiducia nel progresso: I boomers sono cresciuti in un'epoca di rapido progresso tecnologico e scientifico, e molti di loro hanno una forte fiducia nel potere del progresso per migliorare le condizioni umane e risolvere i problemi del mondo.

In breve le caratteristiche dei Boomers possono sintetizzarsi in:
- Forte orientamento al lavoro, alla carriera, all'impegno politico e civile
- Indipendenza
- Istruzione medio alta
- Concretezza
- Importanti disponibilità economiche
- Ricoprono posizioni di prestigio

La GENERAZIONE X – I nati tra il 1962 e il 1982
Ecco la migliore di tutte (scherzo: è la mia).

È la generazione dei cartoni animati, dei fumetti, delle sale giochi e dei primi videogames, dei primi computer, delle televisioni commerciali, dei gettoni telefonici e dei primi oggetti portatili (walkman, telefonini).

Ecco le caratteristiche e valori tipici associati alla generazione X:

Individualismo: Gli individui della generazione X tendono ad essere autonomi e indipendenti. Cresciuti in un'epoca di cambiamenti sociali e familiari, molti di loro sono stati "lasciati a se stessi" e hanno imparato ad affrontare le sfide individualmente.

Adattabilità: La generazione X è stata spesso elogiata per la sua capacità di adattarsi ai cambiamenti rapidi e alle sfide del mondo moderno. Hanno vissuto l'avvento della tecnologia e sono stati i primi ad adottare dispositivi come i computer e i telefoni cellulari.

Equilibrio tra vita e lavoro: A differenza dei loro predecessori, i boomers, la generazione X ha dimostrato una maggiore volontà di bilanciare la vita lavorativa con quella personale. Sono stati i primi a introdurre il concetto di work-life balance e a cercare modi per conciliare con successo carriera e famiglia. La ricerca della felicità personale e' divenuto obiettivo prioritario.

Orientamento all'autosufficienza: Essendo cresciuti in un'epoca di cambiamenti familiari e di aumento del divorzio, molti individui della generazione X hanno sviluppato un senso di autosufficienza e hanno imparato a fare affidamento su se stessi per risolvere i problemi.

Pragmatismo: tende ad essere pragmatica e orientata ai risultati. Dopo aver vissuto periodi di incertezza economica, molti membri di questa generazione si sono concentrati sul perseguimento di obiettivi concreti e sulla sicurezza finanziaria.

Valori di diversità e inclusione: La generazione X è cresciuta in un'epoca in cui la diversità e l'inclusione sono diventate temi importanti. Molte persone di questa generazione abbracciano i valori di tolleranza, uguaglianza e rispetto per tutte le persone, indipendentemente da razza, genere, religione o orientamento sessuale.

All'interno di questa categoria rientra il piu' ristretto gruppo della **Generazione Goldrake** oggetto del libro, con caratteristiche davvero peculiari e che vedremo nel dettaglio fra poco.

La GENERAZIONE Y (Millennials)
I nati tra il 1982 e il 1998

Sono i figli delle nuove tecnologie, coloro che sono eternamente connessi, coloro che restano più tempo a casa, quelli abituati a vivere in un mondo liquido e precario, caratterizzato dalla morte delle ideologie (quando è caduto il muro di Berlino o erano appena nati o dovevano ancora nascere).

Uno dei valori chiave dei millennials è l'importanza dell'autenticità. Credono nella trasparenza e nell'espressione sincera di sé stessi. Cercano di essere veri, di mostrare le proprie debolezze e di abbracciare la propria individualità senza timore di essere giudicati. Si impegnano a creare un mondo in cui ognuno possa essere accettato per ciò che è, senza dover indossare maschere o conformarsi a stereotipi.

I millennials sono anche conosciuti per il loro impegno per la giustizia sociale. Una generazione che si batte per l'uguaglianza di genere, l'inclusione di tutte le etnie, la diversità e l'equità. Si rifiutano di accettare discriminazioni o pregiudizi e lottano per un mondo in cui tutti abbiano le stesse opportunità e diritti.

La sostenibilità è un altro valore fondamentale per i millennials, profondamente preoccupati per l'ambiente e consapevoli delle conseguenze del cambiamento climatico. Si impegnano per pratiche sostenibili, come l'uso delle energie rinnovabili, la riduzione degli sprechi e l'adozione di uno stile di vita eco-friendly.

La tecnologia svolge un ruolo significativo nella vita dei millennials. Cresciuti in piena era digitale e abili nell'utilizzo delle nuove tecnologie, utilizzano i social media per connettersi, esprimersi e condividere le proprie storie. Sono consapevoli del potere della tecnologia nell'aprire nuove opportunità, ma sono anche attenti ai suoi effetti negativi, come la dipendenza e l'isolamento sociale.

I millennials sono una generazione che cerca un equilibrio tra lavoro e vita privata. Non si accontenta di lavori che forniscono solo un salario, ma desiderano anche realizzazione personale e benessere. Sono propensi a cercare carriere che rispecchiano i nostri valori e che ci permettano di coltivare passioni al di fuori del lavoro. Cercano una flessibilità che permetta di conciliare gli impegni professionali con il tempo dedicato alla famiglia, agli hobby e al benessere personale.

Infine, i millennials sono una generazione che abbraccia l'apprendimento continuo. Affamati di conoscenza e desiderosi di svilupparsi personalmente e professionalmente, sono disposti a investire tempo ed energie nell'acquisizione di nuove competenze e nell'esplorazione di nuovi orizzonti.

In definitiva, i millennials sono una generazione che cerca di dare un senso al mondo che li circonda. Si impegnano per un futuro più inclusivo, sostenibile e equo. Sono un ponte tra il passato e il futuro, portando con loro valori di autenticità, giustizia sociale, sostenibilità e equilibrio.

Sono poco interessati alla politica. A volte pigri ed eccessivamente attenti all'immagine; tendono a lasciare casa in tarda età e non tagliano facilmente il cordone ombelicale.

La GENERAZIONE Z: i nati dal 1998 al 2012

Sono i figli della Rete, dei tablet, degli smartphone.

Composta dai nati a partire dalla fine degli anni '90 fino ai primi del decennio Dieci, è una generazione vibrante e influente che sta lasciando un'impronta distintiva nel mondo di oggi.

Una delle caratteristiche principali della generazione Z è la sua profonda connessione con la tecnologia e l'era digitale. Essendo cresciuti con Internet e i social media, i membri della generazione Z sono abili nell'utilizzare le nuove tecnologie per comunicare, esprimersi e creare connessioni. Sono digitalmente nativi e sono in grado di adattarsi rapidamente ai cambiamenti tecnologici.

Sono cresciuti in un mondo sempre più aperto e hanno sviluppato una grande tolleranza per le differenze di genere, etnia, orientamento sessuale e identità. Sono impegnati nell'eliminazione delle discriminazioni e nel creare ambienti inclusivi e accoglienti per tutti.

La generazione Z è molto consapevole dei problemi sociali e ambientali che affliggono il mondo. Sono attivisti nel campo dell'uguaglianza di genere, dei diritti civili, del cambiamento climatico e di molte altre questioni sociali. Sono pronti a farsi sentire e a lottare per un futuro migliore, utilizzando la loro voce attraverso i social media e le manifestazioni di protesta.

I membri della generazione Z sono anche noti per la loro mentalità imprenditoriale e la voglia di fare la differenza. Sono intraprendenti e ambiziosi, cercando di trovare soluzioni innovative ai problemi che affrontiamo. Spesso si dedicano all'imprenditoria, all'avvio di progetti propri o al lavoro freelance, sfruttando le opportunità offerte dalla connettività digitale.

La generazione Z è anche caratterizzata da una forte attenzione all'autenticità e alla trasparenza. Essi valorizzano le esperienze genuine e si aspettano che le aziende e le istituzioni con cui interagiscono siano sincere e oneste nei loro messaggi e nelle loro azioni. Questa generazione ha una spiccata capacità di rilevare il falso e tende a preferire brand e influencer che condividano i loro valori e che siano autentici nel modo in cui si presentano.

Infine, la generazione Z è una generazione altamente orientata all'apprendimento e all'autosviluppo. Sono sempre alla ricerca di nuove conoscenze e competenze, sia attraverso l'istruzione formale che attraverso l'apprendimento informale. Utilizzano le risorse online e si impegnano in attività di apprendimento autonomo per ampliare le loro prospettive e competenze.

In sintesi, la generazione Z è caratterizzata dalla sua affinità con la tecnologia, dalla sua inclusività, dal suo impegno sociale, dalla sua mentalità imprenditoriale, dalla sua ricerca di autenticità e dalla sua sete di conoscenza. Sono una generazione che sta plasmando il futuro e che porta con sé una forte volontà di cambiamento e di progresso.

Caratteristiche:

Sono iperconnessi, multimediali, autonomi, mirano alla rapidità più che all'accuratezza, sono attenti ai problemi globali, riescono a gestire il flusso continuo di informazioni.

La GENERAZIONE ALFA: dal 2012 in poi

E' la generazione più giovane attualmente, composta da bambini nati a partire dal 2012 e oltre. Sebbene sia ancora presto per delineare completamente i valori e le caratteristiche distintive di questa generazione, ci sono alcune tendenze emergenti.

La generazione Alfa è cresciuta e sta crescendo in un'era digitale completamente immersiva. Sono nati con la tecnologia digitale già a portata di mano e sono cresciuti in un mondo in cui gli smartphone, i tablet e gli assistenti virtuali sono la norma. Sono abili nell'utilizzo delle nuove tecnologie e hanno una connessione innata con il mondo digitale.

Poiché sono ancora molto giovani, è difficile stabilire con certezza i valori specifici della generazione Alfa. Tuttavia, ci sono indizi che suggeriscono una crescente attenzione alla sostenibilità e all'ambiente. A causa della crescente consapevolezza del cambiamento climatico e delle problematiche ambientali, molti genitori stanno educando la generazione Alfa a essere consapevole dell'ambiente e a prendere in considerazione le proprie azioni in termini di sostenibilità.

Allo stesso tempo, la generazione Alfa sta anche vivendo un ambiente altamente connesso e globalizzato. Sono esposti a una vasta gamma di culture, idee e punti di vista grazie alla connettività e all'accesso globale alle informazioni. Questo potrebbe favorire una maggiore tolleranza, apertura mentale e desiderio di connessione e collaborazione tra culture diverse.

È probabile che la generazione Alfa sviluppi una maggiore agilità digitale e una spiccata capacità di adattamento alle tecnologie emergenti. Sono abituati all'automazione e all'intelligenza artificiale sin dai primi anni di vita e si prevede che saranno in grado di utilizzare e sfruttare in modo creativo le tecnologie emergenti.

Analizziamo ora piu' nel dettaglio la cosiddetta "Generazione Goldrake", la mia generazione, e capire il perche' sia davvero un unicum nell'evoluzione sociale recente.

GENERAZIONE GOLDRAKE
I nati tra il 1966 e il 1976

Noi che vivemmo gli anni '80 con audacia e fascino,
trasformando sogni in realtà
e colorando il mondo con la nostra irripetibile generazione.

All'interno della Generazione X possiamo individuare un'ulteriore sottocategoria, piu' piccola, che comprende i nati dal 1966 al 1976 con caratteristiche davvero uniche e irripetibili.

E' quella particolare generazione che ha vissuto interamente da bimbi o giovani il decennio incredibile degli anni '80.

I sedici anni in pieni anni Ottanta. Qualcosa da cui non ci si potrà riprendere mai più. Chi ha vissuto l'adolescenza negli *eightes* fa parte di una generazione che diventerà preda in maniera definitiva e inguaribile della sindrome di Peter Pan.

Entra nella cosiddetta *generazione del labirinto*, come l'ha definita argutamente la scrittrice/psicoterapeuta francese Françoise Sand[1]. Dov'è l'uscita?

Tu provi a cercarla, ma lei si nasconde.

---

[1] 10 Françoise Sand, I trentenni. La generazione del labirinto. Colloqui con Isabelle Vial
(Italiano), Feltrinelli, 2007.

Se per le generazioni precedenti era naturale e normale vivere le varie fasi della vita – come lasciare la casa dei genitori, entrare nella vita professionale, sposarsi, avere bambini, insomma diventare adulti – per la generazione Goldrake diventa un'esperienza diluita nel tempo e comunque difficile da affrontare.

Si tratta di una generazione piena di idee ed energia vitale, ma al tempo stesso vogliosa di leggerezza e felicità, che si dà un gran da fare senza mai fissarsi definitivamente, una generazione che, se gode di un'inedita possibilità di realizzazione personale, si ritrova però anche a porsi domande importanti e definitive sul senso della propria vita.

Ed ecco il labirinto.

Dov'è l'uscita? Ma forse è meglio non trovarla.

La generazione di cui faccio parte è davvero un unicum nella storia sociale: e' infatti **l'unica generazione**, e rimarrà per sempre l'unica nella storia moderna, **ad aver vissuto due giovinezze in due mondi totalmente diversi: i 14/20 anni negli anni Ottanta e i 30/40 anni negli anni 2000 e 2010, in pieno periodo social e di rivoluzione delle comunicazioni a tutti i livelli.**

Non accadrà più, mai più.

E' una generazione speciale, un pezzo della leggendaria Generazione X, che va sotto il nome di "Goldrake", i nati tra il 1966 e il 1976. Erano i bambini dei fiocchi colorati alle scuole elementari, dei pomeriggi trascorsi in strada a giocare a calcio con ginocchia sbucciate, cresciuti in un'Italia in cui la fantasia e l'avventura si fondevano con una realta' a tratti impegnativa. Il loro cuore batteva al ritmo delle sigle dei cartoni animati e dei successi della musica italiana.

21

Quando si parla della Generazione Goldrake, non si può fare a meno di pensare alla televisione, che per noi e' stato un vero e proprio portale verso mondi incantati. I pomeriggi erano scanditi dagli eroi in armatura che combattevano contro il male, e uno di questi eroi era appunto Goldrake. Con le sue ali d'argento, il suo pugno che fendeva l'aria e il suo cuore nobile, Goldrake incarnava il coraggio e la speranza di una generazione che sognava di superare ogni ostacolo. "Alabarda spaziale!".

Le avventure di Goldrake facevano vibrare i cuori di quei ragazzi e ragazze che si sedevano incollati davanti al televisore, immersi in un mondo di fantasia. Era un periodo storico in cui il futuro sembrava promettere grandi cose, in cui l'Italia viveva un momento di rinascita e di rinnovamento.

La musica accompagnava ogni passo di questa generazione.

Si ballava sulle note di artisti incredibili. O erano pezzi rock pieni d'energia o le melodie romantiche e struggenti che facevano sognare amori eterni, mentre si camminava per strade illuminate dal calore delle luci al neon. Le canzoni erano il riflesso dei sentimenti e delle emozioni di una generazione che desiderava amare in modo intenso e sincero.

Risuonano le note di Madonna con *Papa don't preach* e *Live to tell*, di *Easy Lady* di Spagna, o della splendida ballata *The Captain of her heart* dei Double. A farci compagnia le melodie di Pino Daniele o Eros Ramazzotti o le innovative sonorità dei Cock Robin.

O i Modern Talking che spopolano con le loro hit dai ritornelli in falsetto. La new wave dei Duran Duran o degli Spandau Ballet.

Gli Europe con l'inno generazionale "The Final Countdown".

Il rock di Vasco, del "Boss" Springsteen e degli U2, o le atmosfere dark dei Depeche Mode.

O le ammalianti colonne sonore di film memorabili come Rocky IV, Top Gun, 9 Settimane e ½.

Il tutto in pieno boom economico, tra voglia di vivere e diritto alla felicità.

Romanticismo positivo. Leggerezza e fiducia nel futuro. Bello davvero. Ritornerà, sicuro.

La Generazione Goldrake ha vissuto un periodo di grandi cambiamenti, sia sul piano sociale che culturale. Sono stati anni di aperture e di sfide, in cui l'Italia si apriva al mondo e le influenze esterne si facevano sentire. Ma, nonostante tutto, quei ragazzi e quelle ragazze mantenevano un legame profondo con le proprie radici, con la tradizione e con i valori che avevano appreso dai loro genitori.

Siamo una generazione che ha vissuto l'infanzia senza internet e i telefoni cellulari, quando i giochi si facevano all'aperto, tra amici che si riunivano spontaneamente. Riesumo dolci ricordi di estati senza fine, in quei pomeriggi interminabili trascorsi fuori casa quando i nostri cuori battevano all'unisono con le note dei nostri cantanti preferiti che risuonavano dalle radio a transistor.

La *Generazione Goldrake* ha abbracciato il concetto di individualità e ha coltivato una forte etica del lavoro. Siamo cresciuti con l'idea che il successo fosse frutto di impegno, determinazione e perseveranza. Abbiamo combattuto per realizzare i nostri sogni, sfidando le convenzioni sociali e cercando di preservare la nostra integrità personale.

La nostalgia è una compagna fedele dei membri della *Generazione Goldrake*. Ci si trova spesso a guardare indietro con un senso di dolce malinconia, ricordando con affetto le esperienze giovanili.

Siamo attratti da oggetti del passato, che ci ricollegano alle nostre radici e ci riportano a un tempo più semplice e genuino. Le vecchie fotografie ingiallite e i dischi in vinile ci trasportano indietro nel tempo, facendo risuonare in noi emozioni che sembravano sepolte.

Siamo cresciuti in un'epoca in cui le relazioni interpersonali erano ancora basate sulla connessione umana. Abbiamo appreso l'importanza delle relazioni autentiche e delle esperienze reali. Siamo diventati dei romantici nostalgici, custodi dei ricordi che ci riempiono il cuore di calore e dolcezza.

In un mondo sempre più frenetico e digitale mantiene viva la fiamma del passato, unendo la saggezza dell'esperienza con la passione per la vita. **La nostra nostalgia romantica ci spinge a ricercare l'equilibrio tra il mondo che fu e quello che sarà, mantenendo vivo l'amore per le tradizioni e il desiderio di abbracciare nuove opportunità.**

Oggi, quando i membri della Generazione Goldrake si incontrano, scoppia un'esplosione di ricordi e emozioni. Si raccontano storie di eroi e di avventure vissute solo attraverso lo schermo televisivo, ma che sono rimaste indelebili nei loro cuori.

Si ricordano le canzoni che facevano battere forte il cuore e le passioni che li hanno accompagnati nel cammino verso l'età adulta.

La Generazione Goldrake è un tesoro di ricordi e di esperienze condivise, un ponte tra il passato e il presente. È una generazione che ha vissuto i suoi giorni d'oro nella magia dei cartoni animati, di una Tv ormai sparita, nella musica e nelle speranze di un'Italia che si rinnovava. **Che rivendica fieramente il diritto alla**

leggerezza, il diritto alla ricerca di felicita', salute, giovinezza.

E anche se il tempo è passato, quel periodo romantico e nostalgico vive ancora nei cuori di coloro che sono stati fortunati abbastanza da far parte di quella generazione unica.

Riviviamoli allora di nuovo quei mitici anni.

Quell'incredibile decennio.

Ecco a voi gli Anni '80.

GLI ANNI OTTANTA

Noi che abbiamo attraversato gli anni '80 con passione e audacia,
scoprendo la magia di un'epoca incantata,
dove i sogni prendevano vita tra cuori palpitanti
e melodie indimenticabili.

Gli anni '80... un decennio che brilla come una stella nel firmamento dei ricordi. Quando si pensa a quegli anni un vortice di atmosfera vivace e colorata si impossessa della mente, riportando alla luce una miriade di tendenze culturali e un'energia positiva cosi' forte da far battere il cuore a mille all'istante.

Diamo innanzitutto un ordine temporale al periodo in oggetto, che va orientativamente dal 1978 al 1992 nella sua accezione piu' allargata, e dal 1982 al 1990 nella sua versione piu' ristretta.

È stato un periodo che ha segnato un cambiamento profondo nella società, un'epoca in cui tutto appariva possibile e i sogni avevano un sapore di realtà. Un momento in cui la musica, l'arte e la moda si sono unite in una sinfonia di creatività, portando con sé un'esplosione di liberta' ed espressione individuale. In cui il diritto alla felicità appariva come un'esigenza spontanea.

L'atmosfera era una miscela di audacia e spensieratezza.

I colori saturi e le forme geometriche si insinuavano in ogni aspetto della vita quotidiana: dalle discoteche agli abiti fluo, dalle acconciature stravaganti alle grafiche dei primi video musicali. Era un periodo in cui il kitsch e l'eccesso erano accolti a braccia aperte, eppure c'era un senso di autenticità e di gioia di vivere che permeava ogni momento.

La cultura popolare degli anni '80 era come una festa senza fine. I film di successo ci portavano in mondi fantastici e avventure incredibili, mentre le serie televisive ci facevano innamorare dei loro personaggi iconici. Il fenomeno dei videogiochi stava nascendo, introducendo una nuova forma di intrattenimento interattivo che avrebbe cambiato per sempre il modo in cui ci saremmo divertiti.

E poi c'era la musica. Una colonna sonora che faceva vibrare l'anima e ci faceva ballare come se non ci fosse un domani. I suoni elettronici dei primi sintetizzatori e della new wave si intrecciavano con le chitarre dal suono potente del rock irripetibile del decennio precedente, creando melodie che rimbalzavano tra le pareti dei locali notturni. Artisti come Dire Straits, Pink Floyd, Madonna, Michael Jackson, Springsteen e Queen, solo per citarne alcuni, hanno dominato le classifiche, regalando al mondo emozioni indimenticabili e performance sceniche che restano impresse nel cuore di chiunque abbia vissuto quel periodo magico.

Gli anni '80 sono stati unici principalmente perché hanno rappresentato una connessione tra il passato e il futuro. Sono stati una fusione di nostalgia e innovazione, un periodo in cui la tecnologia faceva passi da gigante e la società affrontava trasformazioni epocali. E in aggiunta a tutte queste trasformazioni in atto c'era anche un senso di speranza e ottimismo che permeava l'aria.

E' stata un'epoca in cui si credeva nel potere di realizzare i propri sogni, in cui ogni giorno era un'opportunità per vivere appieno e in cui la musica era la colonna sonora di un'eternità romantica.

Sono stati anni che hanno plasmato la nostra cultura, le nostre esperienze. Hanno creato un'identità che ancora oggi richiama immagini di gioia, di libertà e di un mondo pieno di possibilità. Sono stati gli anni in cui la creatività ha trovato il suo picco, in cui le tendenze hanno raggiunto nuove vette e in cui l'energia positiva ha conquistato i cuori di milioni di persone in tutto il mondo.

La bellezza degli anni '80 risiede anche nella loro semplicità e autenticità. È stata un'epoca pre-internet in cui le interazioni sociali erano principalmente faccia a faccia e i momenti speciali non venivano distratti da schermi e notifiche. Questo ha creato un senso di connessione più profondo e genuino tra le persone.

In definitiva, la bellezza irripetibile degli anni '80 risiede nell'atmosfera unica di creatività, libertà ed energia che ha definito quel periodo. È un periodo che continua a esercitare un fascino senza tempo, ricordandoci che la bellezza può essere trovata nell'audacia, nell'individualità e nella capacità di abbracciare pienamente l'epoca in cui viviamo.

Quindi, immergiamoci in questa dolce melodia degli anni '80. Sintonizziamoci sulla frequenza dell'ottimismo e lasciamoci trasportare da un'epoca che ha lasciato un'impronta indelebile nella storia. Riscopriamo l'incanto di quegli anni unici e sorprendenti, e lasciamo che la musica, l'arte, il cinema, i ricordi e l'amore riempiano il cuore di gioia e meraviglia.

MUSICA

Negli Ottanta la musica risuona come una perfetta colonna sonora della nostra vita, un'armonia incantata che avvolge la nostra quotidianità. Ogni nota trasporta con sé un mix di emozioni travolgenti. L'atmosfera di quegli anni era vibrante e carica di energia, un'esplosione di suoni che esprimeva il mood del periodo in modo straordinario.

La musica degli anni '80 era un inno alla vita e alla gioia di vivere. Era un richiamo all'amore, alla passione, al romanticismo che pulsava nel cuore di ogni persona. Le melodie dolci e coinvolgenti si sposava con testi che esprimono forza e positività, ispirando fiducia nel futuro. E' un'epoca in cui si credeva che tutto fosse possibile, che tutti i sogni potessero diventare presto realtà.

Il pop e il rock dominavano la scena musicale, portando avanti un messaggio di libertà e di ribellione. Le canzoni sono un inno all'individualità e alla diversità, incoraggiando le persone a essere se stesse e a lottare per ciò in cui credono. I ritmi travolgenti e le chitarre elettriche si fondono in un crescendo di suoni che fanno battere forte il cuore e alzare il volume della vita.

I balli scatenati, le discoteche illuminate e i concerti pieni di energia rappresentano l'essenza stessa del periodo. Le persone si perdevano nella musica, trovando un'ancora di salvezza in un mondo che sembrava in continua evoluzione. Era un periodo in cui la musica diventava un rifugio, un modo per esprimere le emozioni più profonde e per unire le persone in un'unica sinfonia di sentimenti.

Ma c'era anche un lato romantico, una dolcezza che permeava le canzoni. Erano ballate strazianti che toccavano le corde più intime dell'anima, raccontando storie di amori perduti, di passioni travolgenti e di speranze che non conoscevano confini. Era un romanticismo intenso, che faceva battere forte il cuore e suscitava un senso di nostalgia per quei momenti indimenticabili.

La musica degli anni '80 era un vero e proprio incantesimo che si impossessava di ogni fibra del nostro essere. Era un richiamo all'avventura, alla passione, alla forza di vivere. Era un invito a ballare sotto la luna, a sognare ad occhi aperti e a credere che il futuro fosse scritto nelle stelle.

Oggi, quando le note degli anni '80 risuonano ancora, ci ritroviamo avvolti da un senso di magia e di calore. Quei tempi possono sembrare lontani, ma la loro musica vive ancora nei nostri cuori. È una melodia che ci ricorda che siamo stati parte di un'epoca unica, un'epoca in cui la musica era la colonna sonora dei nostri sogni e delle nostre speranze.

MUSICA ITALIANA

In quel decennio, per quel che concerne la musica nostrana, numerosi cantanti italiani hanno lasciato un'impronta indelebile nella nostra storia, regalando brani che ancora oggi risuonano nel cuore di milioni di persone. Per citarne i principali:

Vasco Rossi - Il Blasco Nazionale, l'anima rock degli anni Ottanta. Vasco è diventato un'icona grazie al suo atteggiamento ribelle e alle canzoni che riflettevano l'alienazione e la ricerca di libertà dell'epoca. Brani come "Vita Spericolata" e "Albachiara" sono diventati degli inni per una generazione che desiderava sfidare le convenzioni e vivere con passione.

Pino Daniele – Indimenticabile Pino con la sua eccezionale capacità di fondere il blues con la musica popolare napoletana, creando uno stile unico e raffinato. Le sue canzoni sono state profonde e coinvolgenti, toccando temi universali come l'amore, la vita e le sfide dell'esistenza, divenute vere e proprie colonne sonore della nostra vita. Il suo ricordo e il suo talento continuano a vivere nelle note e nei cuori di chi ha avuto la fortuna di ascoltarlo. Pino Daniele rimarrà per sempre uno degli artisti più amati e influenti nella storia della musica italiana.

Eros Ramazzotti - L'artista romano dal cuore romantico ha segnato gli anni Ottanta con le sue melodie dolci e le liriche d'amore. Canzoni come "Una terra promessa", "Una Storia Importante" e "Musica e'" hanno catturato l'essenza dell'amore e delle relazioni dell'epoca, regalando emozioni profonde a tutti.

Gianna Nannini - Una voce potente e carismatica, Gianna ha portato l'energia del rock negli anni Ottanta. Con brani come "Bello e Impossibile" e "Fotoromanza", è diventata una vera e propria icona dell'epoca, rappresentando l'emancipazione e la forza delle donne

Umberto Tozzi - L'artista romano ha trasformato la musica pop italiana con successi come "Gloria" e "Ti Amo". Le sue melodie orecchiabili e le liriche d'amore universali hanno reso le sue canzoni dei veri e propri classici, rievocando il romanticismo e i sogni di un'intera generazione.

Raf - Con la sua voce unica e melodie coinvolgenti, Raf ha conquistato il cuore di molti. Brani come "Self Control" e "Cosa restera' degli anni '80" hanno dominato le classifiche, esprimendo la passione, la determinazione e la voglia di vivere tipiche di quell'epoca.

Zucchero - L'artista emiliano ha fuso il rock con il blues e il soul, creando un sound unico che ha conquistato il pubblico. Canzoni come "Senza una Donna" e "Diamante" hanno raggiunto il successo grazie all'energia travolgente e all'anima passionale che le caratterizzavano.

Claudio Baglioni: Le sue canzoni romantiche e liriche hanno toccato il cuore di molte persone. Il suo stile musicale unisce melodie accattivanti a testi ricchi di significato. Il successo di Baglioni è stato alimentato dalla sua straordinaria capacità di comunicare emozioni attraverso la sua voce calda e coinvolgente. Lo splendido album "La vita e' adesso" del 1985 e' tutt'ora l'album italiano piu' venduto di sempre.

Antonello Venditti: Impossibile non citare l'Antonello romano. Le sue canzoni sono caratterizzate da testi profondi e toccanti che trattano temi sociali e politici. La sua voce graffiante e la sua presenza carismatica sul palco hanno reso le sue performance indimenticabili. Venditti è stato in grado di conquistare il pubblico con la sua autenticità e la sua capacità di esprimere sentimenti universali attraverso la musica.

Renato Zero: Renato Zero è un'icona unica e irripetibile della musica italiana e il suo successo negli anni '70 e '80 è stato straordinario. La sua personalità eccentrica e il suo stile teatrale hanno reso le sue performance uniche e coinvolgenti. Le sue canzoni spaziano tra vari generi, dal pop al rock, e spesso affrontano temi come l'amore, l'identità e la società. La sua voce potente e il suo carisma magnetico gli hanno garantito un posto speciale nel panorama musicale italiano di sempre.

Lucio Dalla: La sua voce unica e la sua versatilità gli hanno permesso di spaziare tra vari generi musicali, dal pop al jazz. Le sue canzoni spesso affrontano temi sociali e sentimentali, riflettendo la realtà italiana dell'epoca. Il suo talento musicale e la sua capacità di emozionare il pubblico gli hanno garantito un successo immortale.

Francesco De Gregori: cantautore noto per le sue liriche poetiche e i suoi testi profondi. Negli anni '70 e '80 è stato uno dei principali esponenti della cosiddetta "scuola romana" insieme a Venditti. Le sue canzoni spesso trattano temi sociali e politici, offrendo una critica intelligente e ironica sulla società. La sua voce calda e la sua abilità nel creare melodie coinvolgenti hanno contribuito al suo successo.

Luca Carboni – Indimenticabili "Ci stiamo sbagliando" e lo strepitoso successo dell'album omonimo del 1987 con "Farfallina". La sua musica si caratterizza per la vena romantica, testi intensi e melodie orecchiabili, che gli hanno permesso di conquistare un vasto pubblico. La sua voce calda e particolare contribuiva a conferire un'identità distintiva alle sue canzoni.

Toto Cutugno – Impossibile non citare colui, da poco scomparso, che ha scritto e cantato una delle canzoni simbolo del decennio: "L'Italiano", successo strepitoso in tutto il mondo. Pezzo indimenticabile, come indimenticabili molte sue apparizioni al Festival di Sanremo.

Ma a farla da padrone all'inizio del decennio – è proprio il caso di dirlo – è **Franco Battiato** con l'album "La voce del padrone". Successo clamoroso che fa da sottofondo musicale a tutta l'estate 1982, l'anno dell'apoteosi Mundial.

È il primo album italiano a superare il milione di copie vendute.

Capolavoro assoluto, per molti versi inarrivabile e inarrivato.

Tormentoni come "Bandiera bianca", "Centro di gravità permanente" e "Cuccuruccucù" sono e rimarranno pietre miliari imperiture della musica leggera italiana.

E poi c'e' stato il fenomeno della **"ItaloDisco"**.
Genere musicale nato in Italia negli anni '80, che ha avuto una grande popolarità in Europa e in altre parti del mondo. È caratterizzato da ritmi energici, melodie orecchiabili e l'uso di sintetizzatori e drum machine.

La Italo Disco ha tratto ispirazione da diversi generi musicali dell'epoca, come la disco, il synth-pop e l'eurodance. È emersa come una forma di musica dance elettronica che si distingueva per il suo suono distintivo e la sua produzione di alta qualità. Le canzoni Italo Disco spesso presentano testi romantici o futuristiche, esplorando temi come l'amore, la fantascienza e la tecnologia.

Molti artisti italiani hanno contribuito in modo significativo alla Italo Disco. Tra i più noti vi furono Gazebo, Baltimora, Sabrina Salerno, Ryan Paris, Den Harrow (con la voce di Tom Hooker), Spagna, Righeira. Questi artisti hanno prodotto brani di successo che sono diventati veri e propri classici del genere, come "I Like Chopin" di Gazebo, "Tarzan Boy" di Baltimora e "Boys (Summertime Love)" di Sabrina, "Easy Lady" di Spagna.

La Italo Disco ha raggiunto la sua massima popolarità verso la metà degli anni '80, quando le sue canzoni dominavano le classifiche di vendita in Europa e si facevano strada anche in altri paesi, come il Giappone e gli Stati Uniti. Tuttavia, verso la fine degli anni '80, il genere iniziò a perdere popolarità a causa di nuove tendenze musicali e di cambiamenti nel mercato della musica.

Nonostante ciò la Italo Disco ha lasciato un'impronta in alcuni aspetti duratura nella storia della musica dance. Il suo sound nostalgico e melodico continua ad essere apprezzato e ricordato da molti amanti della musica degli anni '80. Negli ultimi anni, c'è stato un rinnovato interesse per la Italo Disco, con artisti contemporanei che si ispirano a questo genere e producono musica che richiama lo stile e l'atmosfera degli anni '80. Tra questi i "The Kolors" attuali.

Questi sono ovviamente solo alcuni dei tanti cantanti italiani che hanno lasciato un'impronta indelebile nella musica di quegli anni. Non me ne vogliano i fans di tantissimi altri, ma per ovvi motivi di spazio e di contesto impossibile citarli tutti.

Il motivo del loro successo risiede nella capacità di catturare l'essenza di quell'epoca straordinaria, coglierne al meglio lo spirito dei tempi, esprimendo attraverso le loro canzoni le emozioni, i sogni, l'amore e la ribellione che caratterizzavano quel periodo. Che fosse Rock, Pop o Dance, l'intero panorama musicale e' stato un riflesso dell'anima di una generazione, e tali interpreti hanno saputo incanalarne l'energia e la passione in melodie indimenticabili che continueranno a far vibrare i nostri cuori ad ogni rinnovato ascolto.

MUSICA INTERNAZIONALE

Numerosi cantanti e gruppi hanno lasciato un'impronta indelebile nel periodo '70/'80, regalando brani che ancora oggi risuonano nel cuore di milioni di persone.

Sono talmente tanti da poterne citare solo alcuni.

Iniziamo con coloro che ritengo i piu' grandi di tutti: i **Pink Floyd**

Permettetemi una piccola digressione ma i divini lo meritano.

Cosa dire su una delle più grandi rock-band della storia della musica che non sia già stato scritto o detto?

Sulla band che forse più di ogni altra ha lasciato un segno indelebile e influenzato molta parte della musica successiva, dai Genesis negli anni '70 ai Talk Talk negli '80, ai Coldplay negli anni zero, solo per citare qualche nome.

Una sera di ottobre del 1986, ragazzino in piena sbornia anni '80, stavo spaparanzato sulla poltrona a seguire distrattamente la tv.

Ad un tratto su Italia1 passa il gingle pubblicitario di uno speciale su "The Wall" che sarebbe andato in onda qualche giorno dopo... In sottofondo le inconfondibili note di "Another brick in the wall".

Folgorazione.

Il mattino dopo presi tutti miei risparmi e mi recai a comprare tutta (tutta!) la discografia dei Pink Floyd in cassetta (ah le cassette!): da "The Piper at the gates of dawn" a "The Final Cut".

Li ho visti 3 volte dal vivo.

Nel 1988, davvero pischello, a Roma Stadio Flaminio con Franco, Antonello, Alessandro, Claudio (un bacio a te), Vito, Massimiliano, Vincenzo. Emozione e ricordo indelebile.

Nel 1989 a Cava dei Tirreni con Marcello.

Nel 1994 a Roma-Cinecittà con Pasquale.

Non so se sono realmente i più grandi. Per me lo sono senza ombra di dubbio. Di certo hanno lasciato al pubblico godimento almeno 6 album-capolavoro. Inarrivabili nel periodo '70/'80.

Dire Straits - guidati dal carismatico Mark Knopfler, la loro musica e' caratterizzata da melodie raffinate e testi evocativi. Brani come "Sultans of Swing" e "Money for Nothing" sono diventati veri e propri classici, grazie alle chitarre incisive e all'inconfondibile stile di Knopfler. La loro abilità nel combinare il rock con elementi del blues, del country e del romanticismo ha reso i Dire Straits unici nel loro genere. La band ha pubblicato album di grande successo come "Brothers in Arms" nel 1985 che ha venduto milioni di copie in tutto il mondo. Nonostante si siano sciolti nel 1995, l'eredità del gruppo continua a influenzare generazioni di musicisti e ad essere apprezzata ancora oggi.

Madonna - La regina indiscussa degli anni Ottanta, Madonna ha rivoluzionato la musica pop con il suo carisma e il suo talento eclettico. Brani come "Like a Virgin" e "Material Girl" sono diventati inni di libertà sessuale e di ribellione, riflettendo l'energia e la trasgressione dell'epoca.

Michael Jackson - Il Re del Pop ha dominato la scena musicale degli anni Ottanta con la sua straordinaria voce e i suoi movimenti di danza rivoluzionari. Tantissimi i pezzi immortali, tra questi "Billie Jean" e "Thriller" hanno stabilito nuovi standard nella produzione musicale e nella performance, creando un'atmosfera di eccitazione e innovazione.

Queen - Il gruppo britannico, guidato dal carismatico Freddie Mercury, ha incantato il mondo con la loro musica epica e il loro spettacolo scenico travolgente. Brani come "Bohemian Rhapsody" e "We Will Rock You" sono diventati degli inno universali alla libertà, all'individualità e alla potenza del rock. La performance live di Freddy Mercury al "Live Aid" di Londra nel 1985 e' considerata da molti la piu' intensa e coinvolgente di sempre.

U2 - La band irlandese ha trasportato messaggi di speranza, impegno sociale e politico attraverso la loro musica. Canzoni come "With or Without You" e "Sunday Bloody Sunday" riflettono l'attivismo e l'ottimismo di un'epoca che cercava di superare le ingiustizie e costruire un mondo migliore.

Depeche Mode - grandissima band ha definito un'intera generazione con la le loro atmosfere dark e il loro stile unico.
La loro musica sintetizzata e sperimentale ha mescolato elementi di musica elettronica, rock e pop, guadagnandosi un posto di rilievo nella scena musicale dell'epoca. I testi profondi e introspettivi di Martin Gore hanno toccato temi come l'amore, la religione, la politica e l'esistenzialismo, creando un forte legame emotivo con il pubblico.

Europe – Impossibile non citarli. Autori dell'inno generazionale "The Final Countdown", con questo pezzo hanno conquistato i cuori di milioni di persone in tutto il mondo, lasciando un'impronta indelebile nella storia della musica.
La canzone e' diventato un simbolo di energia e ottimismo, un inno che ha catturato lo spirito ribelle e l'entusiasmo della

gioventù dell'epoca. Il brano, con la sua potente melodia e le sue liriche suggestive, evoca una sensazione di attesa, di imminente cambiamento e di sfida alle convenzioni.

Ancora adesso ricordo nitidamente l'eccitazione in classe al Liceo tra noi amici, la mattina dopo il primo passaggio del video di "The Final countdown" a Dj Television avvenuto il pomeriggio precedente. *"Ehi ma avete sentito che pezzo incredibile?" "Ma chi sono?"' "Ma come si chiama sto gruppo?"'*

Whitney Houston - Con la sua voce potente e la sua presenza carismatica, Whitney Houston ha dominato la scena musicale degli anni Ottanta. Brani come "I Will Always Love You" e "Greatest Love of All" hanno incantato il pubblico con la loro intensità emotiva e la loro capacità di trasmettere l'amore e la passione.

Bruce Springsteen - Il "Boss" americano ha portato il rock'n'roll al suo massimo splendore negli anni Ottanta. L'album "Born in the USA" e' a mio modesto avviso tra i tre piu' belli del decennio: straordinario. Brani come la soundtrack "Born in the USA", "I'm on fire", "Cover me", "Dancing in the Dark" hanno catturato l'essenza dell'American Dream, raccontando storie di speranza, lotta e desiderio di libertà. Il concerto di San Siro del 1985 e' storia del rock. Unico.

Duran Duran - La band britannica ha incarnato l'eleganza e l'energia del pop degli anni Ottanta. Canzoni come "Wild Boys" , "Save a prayer" e "Hungry Like the Wolf" hanno mescolato ritmi travolgenti, melodie orecchiabili e un'estetica visiva unica, diventando simboli di stile e glamour.

39

Spandau Ballet - Questo gruppo britannico ha conquistato i cuori con la loro musica romantica e sofisticata. Brani come "True" e "Gold" hanno incarnato il romanticismo e l'intimità dell'epoca, trasmettendo emozioni profonde e sogni d'amore.

George Michael (Wham)- Con la sua voce calda e sensuale, George Michael ha conquistato il cuore di molti negli anni Ottanta. Brani come "Careless Whisper" e "Faith" erano intrisi di romanticismo e passione, catturando l'essenza delle relazioni amorose dell'epoca.

Prince - Il genio musicale Prince ha creato un suono unico e provocatorio negli anni Ottanta. Brani come "Purple Rain" e "When Doves Cry" hanno combinato elementi di funk, rock e pop, trasmettendo sensualità e libertà di espressione.

E poi ancora Elton John, David Bowie, i Talk Talk, Phil Collins, Lionel Richie, Billy Idol, gli Eurythmics, i Bee Gees, Pet Shop Boy, Culture Club, Talking Heads, The Clash, The Smiths, gli Inxs, i Kiss, Cyndi Lauper, Bon Jovi, i Tears for Fears, R.E.M, Modern Talking, Simple Minds, Simply Red, Cock Robin, Double, e tantissimi altri ancora.

Come non citare inoltre il boom dell'Hard Rock e dell'Heavy Metal con gruppi di successo mondiale quali Iron Maiden, Metallica, Def Leppard, Van Halen e altri.

TV

Periodo d'oro anche per la TV, con una vasta gamma di programmi che hanno catturato l'attenzione di milioni di telespettatori, in cui la qualita' era ancora predominate. Era un'epoca in cui le famiglie si riunivano intorno al televisore, lasciandosi trasportare da un universo di emozioni e divertimento.

Una piccola chicca ormai dimenticata: a inizi Ottanta ancora appariva nei programmi Rai (c'erano ancora solo Rai 1 e Rai 2 con Rai 3 ancora sperimentale) il triangolino che avvisava quando sull'altro canale iniziava il film o un programma importante.

I programmi di intrattenimento sono stati all'avanguardia, pronti a stupire e coinvolgere il pubblico. Tra questi "Drive In" è diventato un vero e proprio cult, regalandoci sketch comici indimenticabili e lanciando molti talenti dell'umorismo italiano. Le risate erano assicurate con le irresistibili parodie di "Indietro Tutta!" di Renzo Arbore, che trasformava la TV stessa in un campo di gioco per la satira e l'ironia.

Ma gli anni '80 non sono stati solo comicità sfrenata. C'erano anche programmi di qualità che ci facevano riflettere e sognare. "Portobello" con Enzo Tortora ci ha mostrato il volto autentico dell'Italia, con storie di vita quotidiana che ci hanno toccato nel profondo. E non possiamo dimenticare "Fantastico", il varietà di grande successo condotto da Pippo Baudo, che ci ha regalato spettacoli memorabili con musica, danza e artisti di talento.

E poi le icone Corrado e Mike Bongiorno, e gli inizi di Bonolis con Bim Bum Bam. Presentatori che sapevano conquistare il pubblico con la loro simpatia e professionalità.

E poi ancora cartoni animati indimenticabili, sceneggiati che hanno segnato un'epoca, telefim e film iconici.

E' stata una stagione di programmi coinvolgenti e di qualità, che hanno lasciato un'impronta duratura nella memoria collettiva. Che siano comicità, intrattenimento o fiction, cultura o svago hanno avuto come caratteristica predominante quello della qualita', purtroppo andata col tempo via via scemando, diventando parte integrante della nostra cultura televisiva. Eccoli per voi.

CARTONI ANIMATI

Tra la fine degli anni '70 e gli anni '80, la televisione italiana ha regalato ai telespettatori una fantastica selezione di cartoni animati che sono diventati veri e propri fenomeni sociali di successo.

"Barbapapa'": il primo cartone davvero seriale e coinvolgente. La bellezza del cartone animato "Barbapapa'" risiedeva nella sua unicità e originalità. I personaggi, esseri dai colori vivaci e forme amichevoli, catturano immediatamente l'attenzione e trasmettono un senso di gioia e calore. La serie promuove valori positivi come l'empatia, la cooperazione e il rispetto per l'ambiente, offrendo importanti lezioni di vita in modo delicato e coinvolgente. La famiglia Barbapapa è un esempio di unità e amore, dimostrando come l'accettazione delle differenze e la capacità di adattarsi possano portare armonia nel mondo. Il primo cartone della mia infanzia.

"Heidi": ha portato sullo schermo la famosa storia di Heidi, l'orfana che viveva nelle Alpi svizzere. Ci ha trascinati in un mondo di montagne imponenti, pascoli verdi e personaggi indimenticabili. La dolcezza di Heidi e la sua capacità di trovare la felicità nelle piccole cose hanno reso questo spettacolo un classico intramontabile.

"Remi": Basato sul romanzo "Senza famiglia" di Hector Malot, "Remi" racconta la storia di un giovane ragazzo francese che viene separato dalla madre e diventa un artista di strada. Questo toccante cartone animato ci ha fatto scoprire il valore della famiglia e dell'amicizia, mentre seguivamo le avventure di Remi nel suo viaggio per trovare il suo vero posto nel mondo.

Robot giapponesi: Gli anni '80 sono stati l'apice dei cartoni animati giapponesi che presentavano super robot. Serie come **"Goldrake"**, **"Mazinga Z"**, **"Astro Robot"**, **"Capitan Harlock"** e **"Jeeg Robot d'acciaio"** hanno catturato l'immaginazione dei giovani spettatori italiani. Questi cartoni offrivano battaglie epiche tra giganteschi robot e forze del male, trasportandoci in mondi fantastici e lasciandoci sognare di diventare eroi difensori della giustizia.

E poi ancora i Puffi, Lupin III, Holly e Benji, Lady Oscar, Mila e Shiro, I Cavalieri dello Zodiaco, L'Uomo Tigre, Candy Candy, Giorgy, Lamù, L'Uomo Ragno e i suoi fantastici amici, Dragon Ball (iniziato verso la fine degli anni '80).

Tutti quanti hanno lasciato ricordi indelebili nei bimbi dell'epoca e nella cultura televisiva italiana tra fine anni '70 e gli '80. Ci hanno intrattenuto, ispirato e insegnato importanti valori come l'amicizia, la famiglia, la perseveranza e l'importanza di credere in se stessi.

Ancora oggi, quando ripensiamo a quei tempi, non possiamo fare a meno di sorridere e sentire il calore dei ricordi. Sono i classici che hanno creato un legame speciale con il pubblico italiano, trasformando le avventure animate in veri e propri tesori dell'infanzia.

Ed ora un paragrafo dedicato esclusivamente a lui: Goldrake. Che da' il nome ad un'intera generazione.

GOLDRAKE

"Si trasforma in un razzo missile
con circuiti di mille valvole
tra le stelle sprinta e va...
Mangia libri di cibernetica
insalate di matematica
e a giocar su Marte va..."

Di' la verita': non sei riuscito a leggere il testo senza canticchiare...? Impossibile.

Ascoltare solo la sigla vuol dire rivivere un'iconica epoca in cui un eroe cosmico proveniente dallo spazio ha affascinato e ispirato un'intera generazione di bambini e giovani. Il suo nome è Goldrake, il leggendario robot gigante guidato dall'altrettanto leggendario Actarus, che ha conquistato i cuori degli spettatori italiani quando è apparso per la prima volta in TV il 2 Aprile 1978. La sua storia è un mix di avventura, eroismo e valori che ha reso Goldrake una figura iconica e indimenticabile.

"Alabarda spaziale!", "Lame rotanti!", "Uscita n.7!".

La voce di Actarus, interpretata dall'attore/doppiatore Romano Malaspina, ancora riecheggia nelle orecchie. Una voce inconfondibile, carismatica, calda, coinvolgente che e' riuscita a far sognare un'intera generazione. Grazie Romano.

Goldrake, conosciuto anche come UFO Robot Grendizer, fu creato dal maestro del manga giappponese Go Nagai. La trama ruota attorno al principe di Fleed, Actarus, che pilota il potente robot Goldrake per combattere le forze malvagie del pianeta Vega. Attraverso le sue avventure spaziali, Goldrake affronta nemici implacabili, protegge la Terra e difende l'umanità dal male.

Ma cosa ha reso Goldrake così speciale?

Ciò che ha reso Goldrake così unico è stato il suo impatto sulla giovane generazione dell'epoca. Questo cartone animato ha catturato l'immaginazione dei bambini e dei giovani, trasportandoli in un universo di fantascienza pieno di avventure epiche. **Goldrake ha rappresentato il concetto di giustizia, difendendo i deboli e lottando per la pace. Ha insegnato ai giovani spettatori l'importanza di credere in se stessi, combattere per ciò in cui si crede e proteggere coloro che si amano.**

I personaggi di Goldrake sono diventati dei veri e propri miti. Actarus, con il suo spirito nobile e coraggioso, ha ispirato molti giovani a credere nel potere dell'eroismo e della determinazione. Venusia, la principessa del pianeta Fleed, ha rappresentato l'equilibrio tra forza e dolcezza, dimostrando che le donne possono essere sia forti che gentili. Rigel, il robot compagno di Goldrake, ha aggiunto un tocco di lealtà e amicizia, incorniciando l'importanza delle relazioni.

Goldrake ha segnato un'epoca in cui l'immaginazione correva libera e i sogni diventavano realtà. È diventato un simbolo di speranza e ispirazione, incarnando il desiderio di un mondo migliore. Questo cartone animato ha trasceso i confini del semplice spettacolo, diventando un fenomeno culturale che ha influenzato la moda, i giocattoli e la musica dell'epoca.

E' diventato un'icona che ha segnato l'infanzia di molti, identificandosi con il suo nome un'intera generazione di bambini e giovani.

È stato l'incantevole mix di fantascienza, azione, emozione e valori intrinseci che ha catturato l'immaginazione di una generazione. **Incarnava il concetto stesso di giustizia, lottando contro le forze oscure che minacciavano la Terra e proteggendo l'umanità da ogni male. I giovani spettatori potevano identificarsi in questa lotta tra il bene e il male, trovando ispirazione nel coraggio e nella determinazione di Goldrake nel combattere per ciò in cui credeva.**

Goldrake ha trasmesso valori universali che sono ancora rilevanti oggi. Ha insegnato ai giovani l'importanza di difendere i deboli, di lottare per la pace e di credere nel proprio potenziale. Questo eroe siderale ha stimolato l'immaginazione, spingendo i giovani a sognare di superare i loro limiti, di esplorare l'universo e di affrontare le sfide con fiducia e determinazione.

L'impatto del cartone non si è limitato solo al mondo animato. Ha permeato la cultura popolare, diventando una vera e propria icona. L'immagine di Goldrake ha adornato zaini, quaderni, magliette e giocattoli, portando la magia del cartone nella vita di tutti noi bimbi dell'epoca. La colonna sonora epica e coinvolgente ha accompagnato le avventure spaziali, lasciando un segno indelebile nella memoria collettiva.

Goldrake non è solo un cartone animato. È diventato una parte preziosa della nostra infanzia, un simbolo di gioventù e di sogni. Ancora oggi, il suo nome risveglia emozioni intense e ricordi nostalgici. Goldrake rappresenta un periodo di innocenza e di speranza, in cui i giovani guardavano oltre i confini terrestri e si immaginavano come eroi del cosmo.

Il leggendario robot gigante ha conquistato il nostro spirito e ha dato vita a un mondo di avventure, coraggio e amicizia.

Prima di lui c'erano Paperino e Gatto Silvestro, dopo di lui c'erano bambini con nuovi sogni e nuove fantasie; bambini che sono diventati adulti e non hanno mai smesso di amarlo.

Anche oggi, Goldrake continua a vivere nei cuori e nella memoria di coloro che sono cresciuti con lui. La sua eredità è duratura e il suo messaggio di coraggio, speranza e determinazione rimane vivo. Goldrake ha dato vita a un universo di immaginazione e ha insegnato ai giovani che nulla è impossibile se si crede in se stessi e si lotta per ciò che è giusto.

Che il ricordo di Goldrake e della voce indimenticabile di Malaspina/Actarus continuino a vivere nei nostri ricordi, mentre ci ispiriamo all'eroe cosmico che ha segnato un'epoca indimenticabile e ispirato un'intera generazione: la **"Generazione Goldrake"**.

PROGRAMMI TV

Gli anni '80 sono stati un periodo molto creativo anche per la televisione italiana, un'epoca in cui hanno preso vita tantissimi

47

programmi che hanno lasciato un'impronta indelebile nella memoria collettiva.

Vediamo i piu' iconici e di culto:

INDIETRO TUTTA

Nel panorama della televisione italiana, c'è un programma che brilla di una luce unica e indimenticabile: "Indietro Tutta".

A parere di chi scrive il programma piu' geniale della storia della televisione italiana, lasciandovi un'impronta indelebile.

Condotto da due geni dell'arte dell'intrattenimento, Renzo Arbore e Nino Frassica, questo spettacolo ha fatto vibrare gli schermi nell'inverno tra il 1987 e il 1988, conquistando il cuore del pubblico anche con la sua indimenticabile colonna sonora.

E' stata una miscela esplosiva di comicità, satira e musica, un vero e proprio concentrato di genialità che sfidava i limiti dell'immaginazione. Renzo Arbore, con la sua verve ineguagliabile e il suo carisma contagioso, e' stato il mattatore indiscusso del programma, mentre Nino Frassica portava sullo schermo la sua nota comicita' irresistibile.

Il pubblico si è innamorato di "Indietro Tutta" fin dalla prima puntata. Il programma rappresentava una boccata d'aria fresca in un panorama televisivo spesso omologato e prevedibile. Arbore e Frassica hanno saputo catturare l'attenzione di milioni di telespettatori grazie alla loro originalità, al loro talento e alla loro capacità di mettere in scena uno spettacolo unico nel suo genere.

"Indietro Tutta" è diventato un vero e proprio fenomeno di culto. Le sue battute, i suoi personaggi e le sue canzoni sono ancora oggi ricordati e citati con affetto da chi ha avuto la fortuna di vivere quei momenti indimenticabili.

"Si' la vita e' tutta un quiz!", *"Cacao meravigliao!"*

Il programma ha segnato una svolta nella televisione italiana, aprendo la strada a nuove forme di comicità e di satira, lasciando un'eredità di creatività e coraggio che ha ispirato molte generazioni successive.

Renzo Arbore e Nino Frassica, due talenti eccezionali, hanno dato vita a un'opera d'arte televisiva, un mix di leggerezza, qualita', originalita' che rimarrà per sempre nei cuori degli spettatori. È un ricordo bello, un'epoca d'oro della televisione italiana che brilla come una stella nel firmamento dei ricordi. "Indietro Tutta" è stato e sarà sempre uno spettacolo indimenticabile, un'icona della creatività e dell'irriverenza che continua a vivere nel cuore di tutti coloro che hanno avuto il privilegio di assistere a questa incredibile avventura televisiva.

90° MINUTO

Trasmissione che ha segnato un'epoca condotta con passione, garbo e competenza da Paolo Valenti.

Con la sua voce appassionata e la sua capacità di coinvolgere gli spettatori, Paolo Valenti ha portato il calcio italiano direttamente nelle case di milioni di italiani ogni domenica sera. La trasmissione era un rito immancabile per gli appassionati del pallone, che si

49

riunivano davanti al televisore per godersi un'ora di puro entusiasmo calcistico.

"Novantesimo Minuto" offriva per prima le immagini dei gol più spettacolari, le azioni più emozionanti e i momenti di gloria delle squadre più amate del nostro campionato.

Ma la trasmissione non si limitava solo ai gol e alle azioni di gioco. Grazie alle interviste esclusive, ai commenti dei protagonisti e alle analisi tattiche, gli spettatori venivano catapultati nel cuore del calcio italiano grazie a giornalisti inviati divenuti personaggi indimenticabili.

"Novantesimo Minuto" è diventata un vero e proprio simbolo del calcio italiano degli anni '80, un punto di riferimento per gli appassionati, ma anche una fonte d'ispirazione per molti giovani aspiranti giornalisti sportivi. Grazie al suo stile garbato e al carisma di Paolo Valenti, la trasmissione è riuscita a conquistare il cuore di tanti italiani e a trasformare una semplice partita di calcio in un'esperienza coinvolgente e indimenticabile.

QUARK

Programma televisivo italiano degli anni '80 che ha segnato un punto di svolta nel modo di approcciarsi alla divulgazione scientifica. È stato un programma unico nel suo genere, che ha saputo trasmettere la bellezza e l'interesse per la scienza in modo accessibile e coinvolgente per il grande pubblico.

"Quark" è stato condotto dal famoso divulgatore scientifico Piero Angela, che con la sua passione e il suo approccio semplice ha saputo catturare l'attenzione degli spettatori. Il programma si è distinto per la sua capacità di trattare argomenti complessi in modo chiaro e avvincente, utilizzando grafici, immagini e dimostrazioni pratiche per rendere la scienza accessibile a tutti.

La bellezza di "Quark" risiedeva nel fatto che ha saputo stimolare la curiosità e l'interesse verso la conoscenza scientifica. Attraverso le sue puntate, il programma ha esplorato una vasta gamma di argomenti, dalle scoperte astronomiche alle innovazioni tecnologiche, dalle curiosità naturalistiche alle ricerche mediche, aprendo le porte ad un mondo affascinante e in continua evoluzione.

Inoltre, "Quark" ha avuto il merito di coinvolgere esperti di fama internazionale nel campo scientifico, che hanno contribuito a dare ulteriore credibilità al programma. La combinazione di una presentazione accattivante e un approccio rigoroso ha fatto sì che "Quark" diventasse una fonte di informazione autorevole e di qualità per gli spettatori.

La bellezza di "Quark" risiede nel suo impatto duraturo sulla società italiana. Il programma ha contribuito a diffondere la cultura scientifica nel Paese, stimolando l'interesse delle nuove generazioni per la scienza e ispirando molti giovani a intraprendere studi e carriere in ambito scientifico. Il programma ha saputo trasmettere la meraviglia e la bellezza del mondo scientifico, stimolando l'immaginazione e l'interesse del pubblico e lasciando un'eredità duratura nella divulgazione scientifica italiana.

Appuntamento immancabile all'epoca per me come per molti ragazzi cresciuti con la fiamma ardente della conoscenza.

DRIVE IN

Uno dei programmi più iconici degli anni '80 è stato "Drive In" Nata da un'intuizione di Antonio Ricci. Con la sua comicità irriverente e le gag esilaranti, ha regalato al pubblico una ventata di risate e spensieratezza. Il carisma e il talento di personaggi come Gianfranco D'Angelo, Ezio Greggio, Faletti, Beruschi, I Trettre, e tanti altri hanno fatto di "Drive In" uno spettacolo indimenticabile, capace di trasformare le domeniche sera degli italiani in momenti di puro divertimento.

GIOCHI SENZA FRONTIERE

Programma televisivo internazionale di grande successo nelle estati italiane, che ha coinvolto numerosi paesi europei in competizioni sportive divertenti e stravaganti. Negli anni '80, il programma ha continuato ad essere molto popolare, creando momenti di allegria e competizione tra i partecipanti.

Il programma prevedeva squadre provenienti da diversi paesi europei sfidarsi in prove spettacolari e bizzarre. Le gare coinvolgevano ostacoli gonfiabili, piscine di schiuma, percorso ad ostacoli sul fango e tanto altro ancora. I partecipanti indossavano costumi stravaganti e si sfidavano in prove che richiedevano abilità fisiche, agilità e un pizzico di fortuna.

Il programma è stato un grande successo grazie alla sua capacità di creare un'atmosfera di gioia e divertimento, mettendo in mostra la creatività e l'entusiasmo dei concorrenti provenienti da diversi paesi europei. "Giochi senza frontiere" è diventato un vero e proprio spettacolo di intrattenimento per il pubblico italiano, che seguiva le sfide con passione e sosteneva le squadre nazionali.

Le edizioni degli anni '80 di "Giochi senza frontiere" hanno lasciato un'impronta indelebile nella memoria degli spettatori italiani, con momenti spettacolari, risate e tante emozioni. Il programma ha contribuito a creare un senso di unità e amicizia tra i paesi partecipanti, promuovendo lo spirito di fair play e la celebrazione delle diversità culturali.

FESTIVALBAR

Negli Ottanta il Festivalbar ha raggiunto il culmine del suo successo, diventando uno degli eventi musicali più attesi e seguiti dell'estate italiana. Durante il decennio il festival ha avuto un impatto significativo sulla cultura popolare e sulla scena musicale italiana, contribuendo a definire il panorama musicale dell'epoca.

Questo festival estivo portava sul palco artisti italiani e internazionali, creando un'atmosfera festosa e coinvolgente. Le esibizioni live, accompagnate da melodie orecchiabili, facevano vibrare il pubblico, regalando momenti di spensieratezza e divertimento. Il Festivalbar degli anni '80 rappresentava una piacevole parentesi estiva, un'occasione per godersi la musica in compagnia e vivere l'atmosfera unica di quelle serate indimenticabili.

FANTASTICO

Non possiamo dimenticare "Fantastico", lo show del sabato sera che ha portato l'arte del varietà a un nuovo livello. Con la sua grande produzione, spettacolari coreografie, musica coinvolgente e ospiti di prestigio, "Fantastico" ha trasformato le serate degli italiani in un tripudio di emozioni.

L'indimenticabile conduzione di Pippo Baudo e le esibizioni di artisti del calibro di Raffaella Carrà, Heather Parisi, Lorella Cuccarini, Renato Zero e tanti altri hanno reso questo programma un vero e proprio simbolo di intrattenimento degli anni '80.

PORTOBELLO

Altro programma di culto che ha segnato la Tv italiana tra la fine degli anni '70 e gli '80 è stato "Portobello". Condotto da Enzo Tortora, questo show si è distinto per il suo formato innovativo, in cui il pubblico aveva la possibilità di vendere oggetti usati e particolari. "Portobello" ha coinvolto gli spettatori, creando un'atmosfera di aspettativa e sorpresa, e ha permesso a molti di vivere una sorta di "sogno del mercato delle pulci" direttamente dal salotto di casa. Successo di pubblico clamoroso.

STRISCIA LA NOTIZIA

Creato da Antonio Ricci, il programma è andato in onda per la prima volta negli anni '80, precisamente il 18 settembre 1988.

La bellezza di Striscia la Notizia risiede nel suo approccio unico e innovativo nel trattare le notizie, distinguendosi dai tradizionali telegiornali. Il programma utilizza la comicità, la satira e il sarcasmo per mettere in evidenza le contraddizioni e le assurdità del mondo dei media e della politica.

Il pogramma ha guadagnato una vasta popolarità nel corso degli anni, con un pubblico affezionato che apprezza il suo stile unico e dissacrante ed e' ancora tuttora uno dei programmi piu' seguiti e di maggior successo della tv italiana.

E poi non si possono non citare: "Quelli della notte", altra chicca di quel genio inarrivabile di Renzo Arbore, "Bim Bum Bam" con Bonolis, "Domenica in", "Pronto, Raffaella?, "Il Pranzo e' servito" con il grande Corrado, "Ok, il prezzo è giusto!", tutti i "Festival di Sanremo" targati Pippo Baudo, "Risatissima", "Superclassifica Show".

PUBBLICITA'

Gli anni '80 sono stati un decennio significativo anche per la pubblicità televisiva italiana, con diverse campagne memorabili che hanno segnato la cultura popolare dell'epoca.

Il compito più arduo per i creativi non è stato mai quello di promuovere il prodotto dell'azienda, bensì quello di rendere lo spot memorabile, capace di imprimersi nella testa dello spettatore.

Ecco alcune delle pubblicità televisive italiane più iconiche degli anni '80 con slogan rimasti indelebilmente impressi nella memoria collettiva:

1. Aranciata Sanpellegrino – 1985
Da ragazzino ero estasiato da questo spot romantico del ragazzo che insegue innamorato una ragazzina sul treno in partenza... "E' l'aranciata della prima volta... la prima volta che diventi grande!".

2. Carta igienica Scottex – 1988
Spot pubblicitario in cui il cucciolo di labrador rincorre per tutta la casa un rotolo di carta che non finisce mai.

3. Denim Musk – 1985
"Denim Musk, per l'uomo che non deve chiedere mai". Impossibile non ricordarlo.

4. Amaro Montenegro – 1983
Con lo storico slogan "Amaro Montenegro, sapore vero", alimentando la leggenda di un prodotto italiano creato nel 1885 da Giorgio Cobianchi.

5. Barilla – 1985
Ecco un'altra pietra miliare delle campagne pubblicitarie famose: lo spot della Barilla che ha lanciato il claim 'dove c'è Barilla c'è casa', con una fortunatissima colonna sonora.

6. Lipton Ice Tea – 1988

Lo Spot di Lipton Ice Tea con Dan Peterson con quel suo "Feeeenomenale" che è rimasto impresso nella mente di tutti.

7. Pomì – 1985

"O così, o pomì", come a dire che la pasta la puoi mangiare solo con questo pomodoro.

8. Postalmarket – 1984

Lo spot di Postalmarket del 1984

Attenzione maschi furbetti, non dite che avevate il Postalmarket per acquistare il nuovo outfit. Nella top 10 degli anni '80 entra di diritto questo spot non tanto per la sua creatività, quanto più per l'iconicità di questo oggetto.

Da molti oggi definito come il primo "Amazon Italiano dei tempi che furono", Postalmarket è stata un'azienda italiana leader nelle vendite di prodotti per corrispondenza.

Oltre che per il metodo futurista con cui le casalinghe potevano fare shopping, divenne celebre però per le sue pagine di intimo femminile (e qui casca l'asino): famose sono infatti le foto ai tempi un pò osè delle modelle che indossavano l'intimo dei brand all'interno del catalogo, diventando oggetto di fantasia sfrenata per i ragazzi del tempo.

9. Caffè Paulista – 1984

Lo spot di Caffè Paulista con Sandra e Raimondo nel 1984.

Probabilmente bucherebbero gli schermi ancora oggi, ma di sicuro negli anni 70-80 Sandra e Raimondo sono stati protagonisti indiscussi della televisione italiana. Prima ancora del "Che barba che noia" sotto le coperte, la coppia fu protagonista di diversi spot televisivi tra cui spicca quello per Caffè Paulista, che nel 1984 lanciò una nuova miscela di caffè in uno sketch che riprendeva la classica diatriba tra marito e moglie.

"Caffè Paulista, non c'è uomo che resista".

10. Gomme da masticare Brooklyn – 1982

"Brooklyn Freschezza da baciare..."

Storica pubblicità delle gomme Brooklyn, girata in America, con sottofondo "Back Home…", atmosfera indimenticabile.

11 Cornetto Algida - 1985

"Un cuore di panna e noi…" Impossibile leggere senza cantare.

12. Grappa Bocchino – 1983

E per chiudere la nostra classifica con "Allegria", non potevamo tralasciare il mitico Mike Bongiorno. Nel 1983 Grappa Bocchino ingaggiò il mattatore della tv italiana per girare uno spot a bordo di una mongolfiera. Con la frase "la Grappa Bocchino la trovi sempre più in alto" interpretata dal presentatore televisivo, il marchio di distillati si proiettò per sempre nella mente dei consumatori e dello stesso Bongiorno, a cui nel corso degli anni fu chiesto più volte di ripetere la celebre sentenza durante interviste e ospitate in tv.

SCENEGGIATI

Ora si chiamano fiction; all'epoca erano gli "sceneggiati", nome sicuramente piu' bello ed evocativo, senza anglicismi.

Tra gli anni '70 e '80 la televisione italiana ha prodotto numerosi sceneggiati che sono diventati veri e propri cult della TV, non solo italiana. Questi sceneggiati hanno spaziato in diversi generi, tra cui drammi storici, commedie, gialli e romanzi adattati per lo schermo. Ecco alcuni degli sceneggiati più famosi e di culto di quel periodo, anche se trasmessi, molti di essi, negli anni '70 hanno lasciato un'impronta indelebile nella memoria generazionale anche negli anni successivi.

SANDOKAN

"Sandokaaaan! Sandokaaan!... Corre il sangue nelle vene..."

Ancora risuonano le note della indimenticabile sigla dei fratelli De Angelis. Brividi sulla pelle. Lo sceneggiato "Sandokan" rimane uno dei più celebri e di maggior successo di sempre, della televisione italiana ed europea. Basato sui romanzi di Emilio Salgari la serie racconta le avventure del leggendario pirata malese Sandokan nella lotta contro il dominio coloniale britannico nell'arcipelago malese durante il XIX secolo.

La serie, benche' trasmessa a fine anni '70, è stata un vero e proprio fenomeno di successo per numerosi anni. Ha catturato l'immaginazione del pubblico italiano grazie a una combinazione di avventura, romance ed elementi esotici. La trama coinvolgente, la colonna sonora evocativa, le scenografie suggestive e le performance degli attori hanno contribuito al clamoroso successo dello sceneggiato.

Un elemento chiave del successo di "Sandokan" è stata l'interpretazione di Kabir Bedi nel ruolo del protagonista. Bedi ha portato sullo schermo tutto il carisma e la determinazione del personaggio di Sandokan, diventando una vera e propria icona per il pubblico italiano e internazionale. La sua presenza magnetica e la sua abilità nell'incarnare il carismatico pirata hanno reso il personaggio indimenticabile.

In piu' la serie si è distinta per la produzione di alta qualità. Le scenografie lussuose, le riprese in luoghi esotici come la Malaysia e le coreografie delle scene d'azione hanno conferito alla serie un aspetto visivamente spettacolare. La scena in cui Sandokan uccide la tigre con una capriola e' vero cult. Inoltre, la colonna sonora coinvolgente e la sigla musicale iconica hanno contribuito ad accrescere il fascino dello sceneggiato.

Lo sceneggiato ha avuto un impatto duraturo sulla cultura popolare divenendo un fenomeno di culto, ed ha raggiunto un enorme successo non solo in Italia ma anche a livello internazionale. È stato trasmesso in diversi paesi, guadagnando un vasto seguito di fan in tutto il mondo.

GESU' DI NAZARETH

Epico sceneggiato televisivo che racconta la vita di Gesù diretto da Franco Zeffirelli. Questo incredibile capolavoro cattura l'essenza della sua missione divina, dalla sua nascita a Nazaret fino alla sua risurrezione miracolosa.

Attraverso spettacolari scenografie, emozionanti interpretazioni e una colonna sonora toccante, la serie ci trasporta nel mondo antico, immergendoci nelle storie commoventi di Gesù e dei suoi seguaci. Ci fa sperimentare la sua compassione, il suo amore incondizionato e la sua profonda saggezza mentre cammina sulla terra, compiendo miracoli e insegnando il perdono e la redenzione.

La potenza e l'umanità di "Gesù di Nazareth" risuonano ancora oggi, toccando i cuori e ispirando milioni di persone in tutto il mondo. È un viaggio spirituale avvincente che ci ricorda il potere dell'amore e della fede, offrendo una visione coinvolgente della vita di uno dei personaggi più influenti della storia umana. Capolavoro assoluto della tv mondiale e orgoglio italiano.

LE AVVENTURE DI PINOCCHIO

Tratto dal celebre romanzo di Carlo Collodi ha conquistato il cuore di molti spettatori con l'interpretazione di Andrea Balestri nel ruolo del burattino di legno che prende vita.

E con una colonna sonora davvero evocativa.

Andato in onda negli anni 70 e' stato riproposto piu' volte anche successivamente facendo commuovere intere schiere di bambini e adulti.

LA PIOVRA

"La piovra" è una serie di sceneggiati televisivi italiani che ha avuto un enorme successo negli anni '80 e oltre. Si concentra sulla lotta del commissario di polizia Corrado Cattani contro la mafia italiana. La trama ruota attorno alle dinamiche e alle infiltrazioni della criminalità organizzata nella società, evidenziando le connessioni tra politica, affari illeciti e violenza. La serie mostra il coraggio e la determinazione di Cattani nel contrastare la criminalità e la sua sfida per mantenere la propria integrità morale.

Uno degli aspetti distintivi di "La piovra" è stato il suo realismo e la sua rappresentazione cruda della criminalità organizzata. La serie ha esplorato temi complessi e controversi, come il ruolo della mafia nella politica e nell'economia italiana, i conflitti tra famiglie mafiose e le conseguenze sociali della loro attività criminale.

La serie ha riscontrato un grande successo di pubblico, sia in Italia che all'estero. Ha vinto numerosi premi e ha generato un grande seguito di fan. "La piovra" è stata apprezzata per la sua scrittura intelligente, le performance degli attori e il suo ritratto realistico della mafia italiana.

Inoltre, "La piovra" ha avuto un impatto significativo sulla cultura popolare italiana. Ha influenzato la narrazione e la rappresentazione della mafia in molti altri film e serie televisive. Inoltre, ha contribuito a una maggiore consapevolezza pubblica sul problema della criminalità organizzata e ha stimolato dibattiti sulla corruzione e sulla lotta alla mafia in Italia.

I PROMESSI SPOSI
Una delle più celebri opere letterarie italiane, il romanzo di Alessandro Manzoni è stato adattato in un popolare sceneggiato televisivo. La serie ha ottenuto un enorme successo di pubblico grazie alla sua fedeltà alla storia originale e alle performance degli attori.

Ognuno di questi ha lasciato un segno indelebile nella memoria collettiva e ha contribuito a definire l'epoca televisiva dell'epoca.

TELEFILM
Epoca d'oro della televisione, in un viaggio affascinante tra gli incantevoli telefilm degli anni '70 e '80. Era un'epoca in cui le storie ci rapivano, i personaggi ci conquistavano e le avventure ci facevano sognare.

Innanzitutto **Happy Days**, la celebre sitcom americana che ha fatto la sua comparsa negli schermi televisivi negli anni '70 e '80. Ambientata negli anni '50 e '60, la serie racconta le avventure della famiglia Cunningham e dei loro amici nel tranquillo sobborgo di Milwaukee.

Il protagonista principale è il giovane e affascinante Arthur "Fonzie" Fonzarelli, un personaggio iconico interpretato da Henry Winkler, che ha catturato l'immaginazione degli spettatori con il suo stile cool e la sua moto. Fonzie è diventato un simbolo di ribellione e fiducia in sé stesso, e il suo celebre gesto *ehi!* con i due pollici alzati è entrato nella cultura popolare. La serie ruota attorno alle esperienze quotidiane dei Cunningham: Howard e Marion, i genitori di Richie, il figlio maggiore, e di Joanie, la figlia minore. Richie è un ragazzo amichevole e spensierato, mentre Joanie è una ragazzina vivace e curiosa. Altri personaggi importanti sono Ralph Malph, Potsie Webber e Al Delvecchio, amici inseparabili di Richie, e Chachi Arcola, il cugino di Fonzie, che diventa il fidanzato di Joanie.

Happy Days ha saputo catturare il cuore del pubblico grazie alla sua combinazione di umorismo, nostalgia e valori familiari. La serie ha affrontato temi importanti dell'epoca, come la guerra del Vietnam, i movimenti per i diritti civili e l'evoluzione della cultura giovanile.

In Italia, Happy Days ha raggiunto un enorme successo, diventando un fenomeno di culto. I suoi personaggi e le loro avventure sono diventati parte integrante della cultura popolare italiana. Il telefilm ha suscitato un forte senso di nostalgia per un'epoca passata, ma ha anche trasmesso messaggi di amicizia, lealtà e speranza che hanno toccato il cuore di molte persone.

La sera alle 19:20 tutti davanti alla tv per la sfilza: Happy Days-Almanacco del giono dopo-previsioni del tempo-ora esatta.

Un'altro dei simboli di quel tempo indimenticabile fu la serie televisiva **"Furia"**, una meravigliosa storia di amicizia tra un ragazzo e il suo magnifico cavallo nero. Insieme, affrontavano sfide, superavano ostacoli e ci insegnavano il vero significato della lealtà e dell'amore.

Non possiamo dimenticare il fedele compagno a quattro zampe più celebre di tutti: **Rin Tin Tin!** Questo coraggioso pastore tedesco ci ha fatto compagnia con le sue avventure, dimostrando che l'amicizia tra l'uomo e l'animale può superare ogni ostacolo. La sua presenza nel nostro salotto ci ha insegnato l'importanza dei legami e il coraggio di affrontare le sfide della vita insieme.

E cosa dire di una delle coppie di poliziotti più cool di tutti i tempi? Stiamo parlando di **Stursky ed Hutch**, due agenti di polizia che non si lasciavano intimidire da nessuno. Nelle strade della California, affrontavano i criminali con stile e determinazione, lasciando un'impronta indelebile nel cuore di ogni telespettatore. La loro alchimia sullo schermo ci faceva sognare di essere eroi nella lotta per la giustizia.

Poi ancora **"Orzowey, il ragazzo selvaggio"**. Questa serie ci ha portato in un affascinante viaggio nell'Africa meridionale, dove abbiamo seguito le avventure di un giovane ragazzo cresciuto da una tribù nomade. La sua storia ci ha ricordato l'importanza di connetterci con la natura e con le nostre radici, insegnandoci che la libertà può essere trovata anche nei luoghi più impensabili. Indimenticabile la canzone della sigla creata dai fratelli De Angelis.

Ma non e' finita qui: **"La banda dei 5"** ci ha regalato emozioni senza fine, seguendo le avventure di un gruppo di ragazzi coraggiosi, sempre pronti a risolvere misteri e affrontare situazioni pericolose. Ci hanno insegnato il valore dell'amicizia, della fiducia reciproca e dell'importanza di credere nei nostri sogni.

E cosa dire di **"Mork & Mindy"?** Questa serie ci ha fatto ridere a crepapelle con le stravaganti avventure di Mork, il grande e compianto Robin Williams, un alieno proveniente dal pianeta Ork, e la sua bizzarra amica umana Mindy. Ci hanno insegnato a non prendere la vita troppo sul serio, a trovare gioia nelle piccole cose e a abbracciare la nostra stranezza interiore.

"Koyak" ci ha catapultato di nuovo negli USA, poliziesco degli anni '70, interpretato dall'iconico attore Telly Savalas nel ruolo del tenente Theo Kojak. La serie è ambientata a New York e segue le indagini del detective Kojak, un duro ma giusto poliziotto con una testa rasata e un'inconfondibile lollipop (lecca-lecca) sempre in bocca. Kojak è un personaggio affascinante e carismatico, dotato di spiccata ironia e con un acuto senso della giustizia. È noto per il suo stile distinto, vestito con cappotti lunghi e cappelli.

Infine impossibile non citare **"Spazio 1999"**, una serie di fantascienza che ci ha catapultato in un futuro affascinante e misterioso. Ambientata in una base lunare, questa serie ci ha mostrato un universo ricco di meraviglie, esplorazione spaziale e incontri con creature aliene. Ci ha fatto sognare di avventure intergalattiche e di un futuro pieno di possibilità. . Il personaggio femminile Maya, che riusciva a trasformarsi all'occorrenza in qualsiasi animale, e' rimasto scolpito nella memoria di molti.

Questi e tanti altri telefilm, dei quali ovviamente impossibile citare tutti, hanno scolpito i nostri ricordi, ci hanno trasportato in mondi fantastici coinvolgendoci appassionatamente nelle loro storie. Ancora oggi, la loro magia e il loro fascino risuonano nei nostri ricordi appena ascoltiamo per caso una sigla o vediamo uno spezzone di essi, ricordandoci l'importanza dei legami umani, della speranza e dell'avventura, e testimoniando il potere senza tempo dei telefilm che ci hanno arricchito e coinvolto.

CINEMA

Decennio memorabile anche per il cinema, gli Ottanta, caratterizzato da una serie di film iconici che hanno lasciato un'impronta duratura nella cultura popolare. Questi film sono diventati dei veri e propri classici, conquistando il cuore del pubblico e definendo il panorama cinematografico dell'epoca. Esploriamo insieme alcuni dei film più di successo degli anni '80 e riviviamo l'emozione che hanno suscitato, ovviamente senza avere la presunzione dell'eusastivita'.

FILM STRANIERI

Innanzitutto **"Guerre Stellari"**. Il mio primo film visto al cinema da bambino al Cinema di Praia a Mare: indimenticabile.

Uscito alla fine degli anni 70, ma che ha lasciato un'impronta indelebile negli anni successivi, anche con i numerosi sequel.

La bellezza intramontabile di Guerre Stellari risiede nella sua capacità di catturare l'immaginazione del pubblico, portandolo in un mondo lontano fatto di avventure, fantasia e magia. Fin dall'inizio, il film presenta una trama epica ambientata nello spazio profondo, ricca di personaggi iconici e ambientazioni straordinarie. La combinazione di tecnologia all'avanguardia per l'epoca e il talento artistico dietro il design dei costumi e delle creature hanno creato un universo visivamente mozzafiato.

La colonna sonora composta da John Williams è un altro elemento di grande bellezza nel film. Le sue emozionanti melodie hanno aggiunto profondità e sentimento alle scene, divenendo un elemento distintivo della saga di Star Wars nel suo insieme.

Ma ciò che ha reso veramente Guerre Stellari unico e amato da generazioni di spettatori è la sua storia senza tempo incentrata sulle battaglie tra il bene e il male, la forza dell'amicizia e la ricerca di un destino più grande. Il film ha presentato personaggi memorabili come Luke Skywalker, la Principessa Leia, Han Solo, Darth Vader e molti altri, diventando un punto di riferimento per la narrazione cinematografica di ogni tempo.

Rocky e Rambo - Epoca d'oro per due icone indelebili del cinema d'azione del decennio: Rocky Balboa e John Rambo.

Questi personaggi, interpretati magistralmente da Sylvester Stallone, hanno plasmato il panorama cinematografico con storie coinvolgenti di resilienza, coraggio e determinazione.

Rocky, l'amatissimo pugile italo-americano, ha debuttato sul grande schermo nel 1976 con "Rocky", ma è negli anni '80 che ha raggiunto l'apice della sua popolarità. La saga di Rocky ha ispirato il mondo con la sua narrazione epica di un underdog che cerca di raggiungere la gloria pugilistica. Le pellicole si sono susseguite con "Rocky II", "Rocky III" e "Rocky IV". Quest'ultimo, in particolare, ha visto Rocky combattere contro il temibile Ivan Drago, incarnando lo spirito patriottico dell'America contro l'Unione Sovietica durante la Guerra Fredda. Questi film hanno toccato il cuore degli spettatori, trasmettendo un messaggio di speranza, perseveranza e amicizia.

Rambo invece ha debuttato nel 1982 con il primo indimenticabile film della serie. L'ex soldato delle forze speciali americane, reduce dalla guerra del Vietnam, si trova coinvolto in scontri con le autorità e combatte contro il sistema che lo ha tradito. Questo personaggio ha incarnato la lotta per la giustizia e la resistenza contro l'oppressione e ha fatto vibrare il pubblico con la sua azione adrenalinica e la profondità emotiva di Rambo.

Entrambi i personaggi hanno saputo catturare l'immaginazione degli spettatori grazie alla capacità di Stallone di rendere reali le loro sfide e le lotte interiori. Con i loro valori intramontabili e le lotte contro il destino avverso, Rocky e Rambo hanno dimostrato che il vero eroismo risiede nella tenacia e nella volontà di non arrendersi mai.

Gli anni '80 hanno abbracciato con entusiasmo queste figure leggendarie, rendendole simboli del coraggio, della resilienza e dell'eroismo in un'era segnata da sfide e cambiamenti. E ancora oggi il fascino intramontabile dei due personaggi continua a brillare attraverso generazioni, come un riflesso indelebile di ciò che può essere raggiunto con dedizione, passione e spirito indomito.

"Ritorno al Futuro" (1985), diretto da Robert Zemeckis, è un'avventura che ha catturato l'immaginazione di milioni di spettatori. La storia di Marty McFly (interpretato da Michael J. Fox) e del Dottor Emmett Brown (Christopher Lloyd) che viaggiano nel tempo a bordo di una DeLorean è piena di avventure, umorismo e momenti emozionanti. Il film è diventato un'icona culturale, con il suo messaggio intramontabile sull'importanza del destino e dell'amicizia.

"Ghostbusters" (1984), diretto da Ivan Reitman, è una commedia sovrannaturale che ha conquistato il pubblico con un mix irresistibile di umorismo e avventura. Il cast stellare, tra cui Bill Murray, Dan Aykroyd e Harold Ramis, ha portato in vita una squadra di cacciatori di fantasmi che combatte contro il paranormale a New York City. Con battute indimenticabili e una colonna sonora contagiosa, "Ghostbusters" ha segnato una generazione e ha continuato a ispirare sequel e spin-off negli anni successivi.

"Indiana Jones: I predatori dell'arca perduta" (1981), diretto da Steven Spielberg e con Harrison Ford nel ruolo del leggendario archeologo, ha portato il fascino dell'avventura e dei film di spionaggio sul grande schermo. La storia intrisa di misteri, tesori nascosti e pericoli mortali ha catturato l'immaginazione del pubblico, mentre l'energia e il carisma di Indiana Jones hanno reso il personaggio un'icona senza tempo.

"E.T. l'Extraterrestre" (1982), diretto sempre da Steven Spielberg, è un film intenso che ha toccato il cuore di milioni di spettatori in tutto il mondo. La storia dell'amicizia tra un bambino di nome Elliott e un alieno amichevole proveniente da un'altra galassia ha emozionato e ispirato intere generazioni. Con effetti speciali rivoluzionari per l'epoca e un messaggio universale di amore e accettazione, "E.T." rimane uno dei film più amati e iconici degli anni '80.

"Blade Runner" (1982), diretto da Ridley Scott, è un film di fantascienza distopico ambientato in un futuro in cui androidi chiamati replicanti cercano di fuggire dalla loro schiavitù. Il film, con protagonisti Harrison Ford e Rutger Hauer, è amato per la sua visione affascinante e cupa del futuro, la sua colonna sonora evocativa e le sue tematiche filosofiche. E poi l'indimenticabile monologo finale: *"Ho visto cose che voi umani non potreste immaginarvi…"*

"Scarface" (1983), diretto da Brian De Palma, è un crime drama che racconta l'ascesa e la caduta di Tony Montana, interpretato da Al Pacino, un emigrante cubano che diventa un potente boss della droga a Miami. Con la sua violenza cruda e la performance memorabile di Pacino, "Scarface" è diventato un'icona del genere e una delle citazioni più famose degli anni '80.

FILM ITALIANI

Periodo particolarmente ispirato, gli Ottanta, anche per il cinema italiano, soprattutto per il genere Commedia, una vera e propria era d'oro che ha lasciato un'impronta indelebile nella storia cinematografica del nostro paese. Durante quegli anni, una miriade di talenti hanno fatto la loro comparsa sul grande schermo, portando con sé una freschezza e un'energia travolgente. Tra questi artisti alcuni nomi risplendono ancora oggi come vere e proprie icone immortali: Adriano Celentano, Renato Pozzetto, Carlo Verdone, Roberto Benigni, Massimo Troisi, Lino Banfi. Solo per citarne alcuni.

Adriano Celentano, con la sua carismatica presenza e il suo innegabile talento, ha saputo regalare al pubblico una serie di film divertentissimi e campioni d'incasso. Da "Innamorato pazzo" a "Il Bisbetico Domato", Celentano ha sbancato i botteghini con una naturalezza straordinaria. Il suo carisma travolgente e la sua capacità di coinvolgere il pubblico hanno reso ogni sua pellicola un vero successo, facendolo diventare una vera e propria icona del cinema italiano.

Massimo Troisi, con il suo talento ineguagliabile e la sua sensibilità straordinaria, è stato uno dei più grandi attori e registi italiani degli anni '80. Film come "Ricomincio da tre" e "Scusate il ritardo" sono diventati delle vere e proprie perle del cinema italiano, regalando al pubblico momenti di profonda emozione e intimità. Troisi ha saputo raccontare storie di personaggi semplici ma complessi, con una delicatezza e una profondità che hanno toccato il cuore di chiunque abbia avuto il privilegio di vederlo sullo schermo. Capolavoro inarrivabile "Non ci resta che piangere" con Benigni.

Roberto Benigni, con la sua eccentricità e il suo talento poliedrico, ha regalato al cinema italiano degli anni '80 una ventata di originalità e creatività senza precedenti. Dai suoi primi successi come "Il piccolo diavolo", "Johnny Stecchino", fino al capolavoro indimenticabile "La vita è bella" di qualche anno dopo, Benigni ha dimostrato una capacità unica di mescolare comicità e profondità, lasciando un segno indelebile nel cuore di milioni di spettatori.

Renato Pozzetto, con il suo umorismo irriverente e la sua comicità irresistibile, è un altro nome che brilla nell'olimpo del cinema italiano degli anni '80. Film come "Lui e' peggio di me" e "Ragazzo di campagna" hanno regalato al pubblico momenti di puro divertimento, grazie alla sua capacità di trasformare situazioni comuni in gag indimenticabili. Pozzetto è stato un maestro nell'interpretare personaggi strampalati ma sempre con un cuore sincero, conquistando così il pubblico di ogni età.

Carlo Verdone, con la sua vena comica e la sua capacità di ritrarre la quotidianità con ironia, è diventato un vero e proprio punto di riferimento per il cinema italiano. I suoi film come "Un sacco bello" e "Borotalco" hanno saputo raccontare con leggerezza e freschezza le vicissitudini di personaggi comuni, mettendo in risalto le fragilità e le debolezze umane con un mix irresistibile di comicità e emozione. Verdone ha saputo dar voce alle sfumature dell'animo italiano, creando personaggi che hanno saputo conquistare il pubblico di tutto il paese.

Lino Banfi, con il suo inconfondibile stile comico e la sua simpatia travolgente, è un altro nome imprescindibile nel panorama del cinema italiano degli anni '80. Conosciuto come "il re della commedia all'italiana", Banfi ha interpretato una serie di ruoli indimenticabili che lo hanno reso uno degli attori più amati e apprezzati del suo tempo.

I suoi film, come "Vieni avanti cretino" e "Fracchia la belva umana", hanno saputo conquistare il pubblico con la loro comicità spensierata e irresistibile. Banfi ha dimostrato una grande abilità nel creare personaggi umoristici e paradossali, che hanno portato il sorriso sul volto di milioni di spettatori. La sua capacità di trasformare situazioni quotidiane in gag esilaranti e la sua interpretazione vivace e piena di energia sono diventate il marchio di fabbrica di Lino Banfi.

Decennio magico quindi per il cinema italiano, grazie a talenti straordinari che con la loro capacità di coinvolgere il pubblico hanno reso i loro film dei veri e propri emblemi di un'epoca, che ancora oggi vengono ricordati con affetto e nostalgia.

Questi film, insieme a tanti altri capolavori hanno contribuito a definire gli anni '80 come un'epoca d'oro del cinema commedia italiana. Ogni film ha la sua storia coinvolgente, personaggi indimenticabili e temi che risuonano ancora oggi. Continuano a essere apprezzati per il loro intrattenimento senza tempo e per l'impatto duraturo che hanno avuto sulla cultura popolare.

BUD SPENCER e TERENCE HILL

Paragrafo a parte lo meritano loro: **Bud Spencer e Terence Hill,** l'iconica coppia cinematografica degli anni '70 e '80, che ha regalato al pubblico una serie corposa di film indimenticabili, divenendo col tempo un vero e proprio fenomeno culturale.

I due attori hanno conquistato il cuore degli spettatori con la loro inconfondibile combinazione di azione, comicità e un tocco di buonumore. I loro film sono diventati dei veri e propri simboli di spensieratezza, divertimento e amicizia sul grande schermo.

Ancora oggi rivedo puntualmente ed annualmente tutta la loro filmografia.

Bud Spencer, con la sua stazza imponente e la sua forza sovrumana, e Terence Hill, con il suo sorriso malizioso e la sua agilità, hanno formato un duo perfetto che ha sfidato i cattivi, risolto conflitti e dimostrato che la forza fisica poteva andare di pari passo con l'intelligenza e l'umorismo. La chimica tra di loro era evidente sullo schermo, creando una dinamica unica che ha catturato l'attenzione e il cuore del pubblico.

I film di Bud Spencer e Terence Hill sono un mix irresistibile di avventure, risse comiche, inseguimenti mozzafiato e colpi di scena esilaranti. Ogni film e' un'esperienza di pura spensieratezza e divertimento, un'opportunità per dimenticare i problemi del mondo reale e immergersi in un universo in cui l'amicizia, l'onore e la giustizia trionfano sempre.

Tra i film più rappresentativi di Bud Spencer e Terence Hill, "Lo chiamavano Trinità", e poi il suo seguito "Continuavano a chiamarlo Trinita'", ha introdotto la coppia al grande pubblico. Questa commedia western racconta le avventure dei fratelli Trinità (Terence Hill) e Bambino (Bud Spencer) e il loro incontro con il brutale Wild West. Con il suo umorismo intelligente e le scene di lotta memorabili, il film ha stabilito il tono per molte altre collaborazioni tra i due attori.

E poi ancora "Altrimenti ci arrabbiamo", "Nati con la camicia", "Io sto con gli ipppopotami" "I due superpiedi quasi piatti", "Non c'è due senza quattro" (1984) e vari altri ancora, con indimenticabili battute comiche, inseguimenti spericolati e combattimenti esilaranti, offrendo al pubblico sempre una dose abbondante di risate e divertimento.

Bud Spencer e Terence Hill rimarranno per sempre nel cuore degli spettatori, offrendo un rifugio di gioia e leggerezza attraverso i loro film indimenticabili. La loro eredità è quella di averci regalato momenti di spensieratezza e divertimento, e per questo continueranno a essere celebrati come due icone del cinema che hanno saputo conquistare il mondo con la loro amicizia, il loro umorismo e il loro stile unico.

MODA

Immergiamoci ora nel vortice della moda degli anni '80, un'epoca di audacia e sperimentazione senza precedenti. Fu un decennio in cui il mondo della moda esplorò nuove frontiere, rompendo le barriere del convenzionale e lanciando una serie di tendenze che avrebbero plasmato lo stile per anni a venire.

Negli anni Ottanta dal quartiere Manhattan di New York emerse la figura dello **yuppie**, giovane "rampante" arrampicatore sociale che cerca di fare soldi il più velocemente possibile. Questa moda si diffuse anche in Italia e in particolare a Milano, sintetizzandosi nello slogan pubblicitario della "Milano da bere", emblema dell'Italia edonista e rampante del decennio.

Collegata al fenomeno dello **yuppismo** fu la moda tutta italiana cosiddetta paninara, caratterizzata dall'ascolto della musica pop, dall'edonismo, consumismo e rifiuto dell'impegno sociale, in contrapposizione all'idealismo, anche violento, degli anni 1970. Yuppie e **paninari** si identificavano, fra le altre cose, per l'ossessione verso vestiti e accessori firmati.

La sottocultura **metallara** si definiva in contrapposizione a quella paninara. Non erano presenti differenze ideologiche, quanto piuttosto preferenze musicali e di abbigliamento.

Gli anni '80 portarono con sé una marea di novità, dallo stile eccentrico ai colori vibranti, dalla silhouette esagerata alle spalline oversize. Un periodo caratterizzato da una vera e propria rivoluzione della moda, con l'introduzione di materiali sintetici come il nylon e il poliestere, che hanno dato vita a capi futuristici e brillanti.

La moda degli anni '80 comunicava una sensazione di potere e di libertà. Era un richiamo all'individualità e all'espressione personale. Abiti stravaganti, come abiti da sera a sirena con paillettes e tulle, oppure completi di giacche oversize con pantaloni a vita alta, trasmettevano un senso di glamour audace e di sfida alle convenzioni.

Tra i principali stilisti di questo periodo si possono citare Calvin Klein, Giorgio Armani, Jean-Paul Gaultier, Versace e Thierry Mugler e gli albori di Dolce e Gabbana. Ognuno di loro ha contribuito a definire lo stile degli anni '80, creando capi iconici che incarnavano l'essenza di quell'epoca.

La moda degli anni '80 era in perfetta sintonia con lo spirito del tempo di quell'epoca incredibile. Era un'era di cambiamenti rapidi, di progresso tecnologico e di ottimismo smisurato. Le persone volevano distinguersi e sentirsi al centro dell'attenzione, e la moda offriva loro l'opportunità di farlo.

I colori sgargianti, come il neon e il pastello, riflettevano l'energia e l'eccitazione degli anni '80. Le stampe geometriche e i motivi astratti incarnavano l'atteggiamento audace e spavaldo dell'epoca. Accessori come le spille da balia, le fasce per la testa e gli enormi orecchini a cerchio erano segni distintivi di un decennio in cui "più è meglio" era il mantra.

Gli anni '80 sono stati un'epoca di divertimento, di ribellione e di coraggio nel campo della moda. È stata un'era in cui l'individualità e la creatività sono esplose, dando vita a uno stile che ancora oggi ispira le passerelle e le tendenze contemporanee. Che tu abbia vissuto quegli anni o che tu ti stia semplicemente immergendo nella loro energia, la moda degli anni '80 è una fonte inesauribile di ispirazione e di divertimento senza fine.

I Paninari

Il fenomeno dei paninari, nato in Italia a Milano, fu davvero unico e rappresentò uno stile di vita giovane, ribelle e pieno di esuberanza.

I paninari erano giovani ragazzi e ragazze, spesso provenienti da famiglie benestanti, che si facevano notare per il loro look distintivo e audace. L'abbigliamento era fondamentale per i paninari, che erano sempre alla ricerca delle ultime tendenze e delle marche più alla moda.

I piumini, in particolare quelli di Moncler, erano un'icona del guardaroba dei paninari. Indossati con orgoglio e in una varietà di colori sgargianti, questi piumini erano simboli di status e di appartenenza a un gruppo esclusivo.

Ma i paninari non erano solo piumini. I loro outfit erano completati da jeans stretti, spesso con risvolti all'altezza delle caviglie, e maglioni con scollo a V, rigorosamente indossati sopra le spalle. Le scarpe erano anch'esse fondamentali: sneakers firmate come Nike o Adidas erano l'accessorio imprescindibile per completare il look paninaro.

Ma il fenomeno dei paninari non si limitava solo all'abbigliamento. Era uno stile di vita, un atteggiamento. I ragazzi si radunavano nei punti di ritrovo più alla moda delle loro città, spesso vicino ai negozi di moda e alle gelaterie trendy. Erano giovani che volevano farsi notare, che esibivano la loro sicurezza e la loro individualità.

Il fenomeno dei paninari rappresentava anche un desiderio di ribellione contro il conformismo e le tradizioni. Era un movimento giovanile che abbracciava la cultura popolare, la musica e le nuove tendenze. Ballare al ritmo della musica pop, sfoggiare il look più alla moda e vivere la vita al massimo erano le priorità dei paninari.

Nonostante tale fenomeno sia sbocciato negli anni '80, il suo impatto e la sua influenza sulla moda e sulla cultura giovanile sono durati a lungo. Ancora oggi, le tendenze degli anni '80 e lo spirito dei paninari si possono trovare in nuove forme e interpretazioni nelle mode contemporanee.

SPORT
Il "MUNDIAL 82"

Per la Generazione Goldrake quando si parla di calcio e Mondiali, immediatamente il nostro pensiero va al Mundial 82, il Mondiale per eccellenza.

Il "nostro" Mundial.

Zoff, Gentile, Cabrini, Oriali, Collovati, Scirea, Conti, Tardelli, Rossi, Antognoni, Graziani.

È una poesia, un mantra da ripetere tutto d'un fiato.

Nel 1982 le formazioni sono filastrocche da imparare a memoria.

E questa probabilmente è la più famosa di tutte.

Le partite di campionato si giocano tutte in contemporanea la domenica alle 15.00, con il racconto immancabile delle straordinarie voci di "Tutto il calcio minuto per minuto".

"Scusa Ameri sono Ciotti" è ormai un modo di dire.

E Sandro Ciotti ama sottolineare che gli spazi sono gremiti ai limiti della capienza, il terreno in perfette condizioni e la ventilazione inapprezzabile.

Paolorossi e Dinozoff sono parole da pronunciare così, tutte attaccate.

Le maglie vanno dall'1 all'11.

Il 3 è il terzino fluidificante, il 4 il mediano, il 5 lo stopper, il 6 il libero, il 9 il centravanti, il 7 l'ala, il 10 il genio. Non si sfugge.

E il portiere ha la numero 1, non si sogna neppure lontanamente di indossare la 99.

L'unica eccezione è rappresentata dai grandi eventi – Mondiali ed Europei – in cui le maglie vanno dalla 1 alla 22.

Compito del centravanti è fare gol, non di attaccare lo spazio.

L'unico che attacca lo spazio è Goldrake il pomeriggio sulla Rete Due.

Le Coppe si giocano il mercoledì sera, e basta.

E la Coppa Campioni si chiama proprio così: Coppa dei Campioni.

I tatuaggi non sono nemmeno concepiti in serie A: sono roba da carcerati o delinquenti, non certo da centravanti.

C'è la schedina e bisogna fare tredici. Con il dodici vinci, ma molto meno.

La bibbia della domenica pomeriggio è 90° Minuto e Paolo Valenti il messia dalla faccia buona.

La squadra che vince il campionato la domenica sera è ospite al completo alla Domenica Sportiva.

La voce della Nazionale è Nando Martellini.

"Campioni del Mondo, campioni del mondo, campioni del mondo."

L'11 luglio 1982 ha inizio il periodo più incredibile e magico per l'Italia e gli italiani: forse tra le ultime volte in cui siamo stati genuinamente felici. Io c'ero.

L'urlo di Tardelli non è un semplice gol. È un respiro di felicità.

Ma in quel momento non ce ne rendiamo ancora conto pienamente.

L'urlo di Tardelli è un momento spartiacque nella storia del nostro calcio. E anche del nostro "sentire" come popolo.

Chiude un'era e ne apre un'altra.

È l'inizio ufficiale della sbornia degli anni Ottanta.

L'impatto che l'urlo ha sul nostro calcio è paragonabile all'impatto di "The Dark side of the Moon" dei Pink Floyd nella storia della musica.

Così quello di Tardelli non è solo un urlo, è una liberazione.

È un intero popolo, quello italiano, che esce da un periodo buio, pieno di piombo, e lo fa urlando la sua rabbia, il suo orgoglio, il suo bisogno.

Con tutto il fiato che ha in gola.

Dio solo sa quanto necessario sarebbe, in questi tempi strani e spesso indecifrabili, un altro urlo così.

Liberatorio, catartico, purificatorio.

"Cerco un centro di gravità permanente…
Che non mi faccia mai cambiare idea sulle cose sulla gente
Avrei bisogno di…" cantava Battiato.

E quel centro di gravità permanente credemmo davvero di averlo trovato quell'estate, la notte dell'11 luglio… e lo credemmo per tutto il decennio. Beata spensieratezza!

81

Sono stati gli anni della Panda ma i ragazzi di Bearzot ci hanno fatto viaggiare in Ferrari e Rolls-Royce. Quell'anno andammo a cercare le isole Falkland sull'Atlante e scoprimmo che qualcuno le chiamava Malvinas.

Keke Rosberg, il papà di Nico, diventa campione del mondo di Formula 1 in una stagione dominata dalla Ferrari di Forghieri fermata solo dalle lacrime di dolore, la Juve vince il suo 20° scudetto, i Dire Straits spopolano con i loro pezzi di Rock romantico, e il compianto Franco Battiato la fa da Padrone.

Il 1982 è soprattutto l'anno con 45 mondiali vinti dall'Italia e dagli italiani, con Franco Uncini, gli Abbagnale, Saronni tra questi.

Davvero una splendida giornata come cantava Vasco Rossi e pazienza se Loredana Bertè preferiva urlare non sono una signora. Non era ancora l'Italia da bere o quella degli Yuppies, che sarebbe arrivata di lì' a poco, era piuttosto l'Italia degli amici miei atto secondo, che ballava con Grease e rideva con eccezziunale veramente.

Ma quell'Italia inventata da Bearzot, che costruì una squadra jazzistica, con un gran lavoro da assieme, un enorme affiatamento con all'improvviso l'esibizione del solista, e' stata più un E.T. arrivato sul pianeta del pallone.

Lasciò il mondo a bocca aperta, fece impazzire argentini, brasiliani e tedeschi che si credevano gli dei del calcio.

Fu una lezione per tutti. Serietà, umilta', lavoro e tanto talento possono trasformare una squadra inizialmente anonima nella più bella del mondo.

Quell'Italia-Brasile resta una delle partite più affascinanti della storia del calcio. La nostra partita perfetta con il centravanti deriso e insultato che si trasforma in principe azzurro e segna tre goal che solo un pazzo potrebbe definire di rapina.

In quell'Italia che batte gli dei e si laurea Campione del Mondo nella finale memorabile con la Germania c'è tutto un paese ancora alle prese con mille dubbi e problemi.

Ma e' anche un paese che ha voglia di riscatto e di felicità e che di lì a poco si metterà a correre, come quella Ferrari del 1982, per almeno un decennio più veloce di tutti.

Quei ragazzi con la maglietta azzurra e i calzoncini bianchi non hanno vinto solo un mondiale.

Ci hanno regalato un sogno.

Che strano, fateci caso: si alternano sempre decenni gioiosi e pieni d'energia positiva (anni Sessanta, Ottanta, anni Zero) ad altri cupi e tesi (anni Settanta, Novanta e i Dieci del nuovo millennio).

Strano sincronismo. Chissà perché.

Probabilmente abbiamo bisogno ogni volta di cadere e subire la mancanza per riapprezzare e riassaporare con rinnovata consapevolezza i valori della gioia, della gratitudine, della leggerezza.

E tutto ciò si percepisce principalmente nelle espressioni dell'anima: musica, cinema, letteratura, moda.

Alchimia poi magicamente ricomparsa anche negli *anni zero* del nuovo millennio, ma di nuovo scomparsa nel decennio Dieci.

Lo si è percepito, nella musica, nella moda, nella leggerezza del vivere e nella ricerca personale del diritto alla felicità.

E il mondiale '82 sembrò proprio regalarci una promessa di felicità.

ITALIA-BRASILE 1982

La partita più bella di sempre.

"E cosi' per una caleidoscopica miriade di incredibili motivazioni, di partite come questa non ve ne sono piu' state. Il secolo che abbiamo abbandonato l'ha cristallizzata ormai come la più bella dei primi cento anni di calcio.

Per come sono cambiate le cose del mondo e del pallone, e per il contesto storico assolutamente unico dell'epoca, non è difficile credere che probabilmente resterà la più bella di sempre e che a noi non rimarrà che guardare al futuro con struggente nostalgia.

Quei novanta minuti furono lo sport, il calcio, la partita, lo stadio, gli uomini, la rivincita, le storie, le emozioni di un preciso momento, emblema di un irripetibile spirito del tempo, l'alba degli anni Ottanta, come non erano mai stati prima e come non sarebbero stati più. Almeno finora. Io c'ero."[2]

FIGURINE, ROBOT E PADRONI

Sono anni, quelli, in cui tra bambini e ragazzi c'è un unico grande amore: le figurine Panini. La prima collezione è datata 1961, in un continuo crescendo di successo e diffusione.

Per un bambino degli anni Settanta e Ottanta la figurina Panini è una ricchezza imprevista, un pensiero fisso: ce l'ho, mi manca, e Pizzaballa? Ce l'hai Bettega? Mi manca Causio.

Ricordo l'eccitazione indescrivibile di bimbo nell'attendere mio padre che ogni giorno tornando da lavoro mi consegna due bustine, a volte anche un paio in più. Poche, ma ogni giorno, quasi

[2] Dal libro "La Trilogia dei MONDIALI DI CALCIO" Raffaele Cammarota. Su Amazon

ad insegnarmi indirettamente il senso della sobrietà e il vero valore delle cose.

Le figurine sono i santini, le piccole icone tascabili che ci fanno sentire più vicini ai campioni. Sono gli anni di Zico, Maradona, Rummenigge, Kempes, Keegan, Blochin, Simonsen.

Di Zoff, Rossi, Causio, Bettega, Altobelli, Graziani, Pulici.

Molti calciatori appaiono con i visi trasfigurati, non sorridono perché spesso i fotografi li beccano due minuti dopo gli allenamenti.

Giusto un'impercettibile differenza dall'epoca attuale dominata dai social, capelli all'ultima moda, tatuaggi nei posti piu' impensabili e culto esasperato dell'immagine.

E dopo l'immancabile scambio di figurine tra amichetti nei pomeriggi invernali, ecco la fretta di tornare a casa ad emozionarci davanti ai tanto amati cartoni animati di robot.

PAOLO ROSSI

Di quegli incredibili anni Ottanta Paolo Rossi e' riuscito a riprodurne i due volti opposti: quello smagrito, logoro e tormentato dei primissimi periodi, quando la sua malinconia per l'assenza dai campi di calcio riflette le difficoltà dell'Italia ad uscire dalla gravita' degli anni di piombo; e poi quella spensierata, appagata, semplicemente gioiosa che proprio lui, come icona massima, arriva a raffigurare in maniera completa, insieme ai suoi compagni, nella indimenticabile vittoria del Mondiale spagnolo.

Verso le dieci di sera dell'11 luglio 1982 Paolo Pablito Rossi, campione del Mondo e capocannoniere di Spagna '82 con 6 reti, nella bolgia del Bernabeu, nel mezzo di una gioia indescrivibile, e per gli imperscrutabili misteri dell'animo umano, ad un tratto si scopre anche un po' triste: «*Guardavo la folla, i compagni e dentro sentivo un fondo di amarezza. "Adesso dovete fermare il tempo, adesso", mi dicevo. Non avrei più vissuto un momento del genere. Mai più in tutta la mia vita. E me lo sentivo scivolare via. Ecco: era già finito*[3]».

Rossi aveva colto per un attimo cosa vuol dire fermare il tempo.

Ciao grandissimo Paolo, grazie per averci regalato un sogno indimenticabile.

---

[3] "Quanto dura un attimo", Paolo Rossi e Federica Cappelletti – Mondadori 2019

Una domenica "romantica" di una volta

- Il pranzo dalla Nonna
- Le partite tutte alla stessa ora alle 14:30 e in primavera alle 15:30.
- Le maglie dall'1 all'11
- Dare 2 calci al pallone tra il primo ed il secondo tempo
- Il Totocalcio con tutte le partite in contemporanea
- Il pallone a spicchi, bianco e nero
- Le bandiere allo stadio
- Guida al campionato
- Tutto il calcio minuto per minuto alla radio
- "La Stock di Trieste presenta:…"
- "Scusa Ameri sono Ciotti…"
- L'arbitro in giacca nera
- La vittoria che vale 2 punti
- 90' minuto alle 18:00
- I tifosi urlanti dietro Luigi Necco
- La partita in differita alle 19:00
- Domenica Sprint alle 20:00
- La Domenica Sportiva con la Moviola alle 22:30
- Suonare al citofono degli amici e scendere a giocare in strada con il *supersantos* tra le 127, con gli zaini come pali.
E si gioca fino alla fine della partita, sino allo sfinimento, perche' anche se la mamma chiama dal balcone non riusciamo a smettere: *"Mamma, altri 5 minuti!"*. Erano eterni per noi.

SOCIETA'

L'EVOLUZIONE SOCIALE E TECNOLOGICA

Negli anni '80 si sono verificate evoluzioni sociali che hanno segnato profondamente il nostro modo di vivere. Tre dei principali sviluppi di quel periodo sono stati l'avvento dei personal computer e dei primi dispositivi elettronici di consumo, l'evoluzione dei videogiochi e il boom dell'industria dei giochi arcade, nonché l'inizio dell'era digitale con i telefoni cellulari e il cambiamento nella comunicazione.

I personal computer e i dispositivi elettronici di consumo hanno fatto la loro comparsa nelle nostre case, aprendo le porte a un mondo di opportunità e scoperte. Con schermi luminosi e tastiere invitanti, i personal computer hanno portato la tecnologia direttamente nelle nostre case, consentendoci di lavorare, giocare e comunicare con il mondo esterno. La nostra immaginazione si è ampliata di fronte a questa nuova frontiera digitale, che ci ha insegnato a pensare in modo creativo, a risolvere problemi e a esprimere le nostre idee. Nel frattempo, i dispositivi elettronici di consumo come i lettori musicali portatili e i videoregistratori hanno arricchito la nostra vita quotidiana, offrendoci la possibilità di avere la musica a portata di mano e di catturare i momenti preziosi.

Parallelamente, i videogiochi hanno visto una notevole evoluzione e hanno dominato l'industria del divertimento. Le sale giochi sono diventate luoghi di aggregazione e sfida, con giochi coinvolgenti che ci hanno trasportato in mondi fantastici pieni di avventure. Questi giochi arcade hanno creato un nuovo modo di socializzare, in cui amici e sconosciuti si univano per cercare di ottenere il punteggio più alto e superare le sfide più ardue. Nel frattempo, i videogiochi per personal computer hanno continuato a evolversi, offrendoci esperienze di gioco sempre più complesse e coinvolgenti, in cui abbiamo imparato a sviluppare strategie e abilità.

Con l'inizio dell'era digitale, l'avvento dei telefoni cellulari ha portato un cambiamento radicale nella comunicazione. I telefoni cellulari, sebbene all'inizio fossero ingombranti e costosi, ci hanno permesso di comunicare ovunque e in qualsiasi momento. Ci siamo liberati dai fili e dai limiti geografici, rimanendo costantemente connessi con le persone che ci stavano a cuore.

La comunicazione è diventata più accessibile e immediata, grazie agli SMS e all'inizio della connessione internet mobile poi esplosa nel decennio successivo. Questo ha aperto nuove opportunità di lavoro, di apprendimento e di connessione sociale, aprendo un mondo di possibilità.

Gli anni '80 hanno rappresentato un periodo di notevoli cambiamenti sociali, con l'avvento dei personal computer, l'evoluzione dei videogiochi e l'inizio dell'era digitale con i telefoni cellulari. Questi sviluppi hanno plasmato il nostro modo di vivere, di lavorare e di connetterci con gli altri per tutti gli anni a venire. Sono stati gli anni che hanno gettato le basi per il futuro digitale in cui viviamo oggi, con la tecnologia che permea ogni aspetto delle nostre vite.

GLI OGGETTI ICONICI

Decennio ricco di oggetti iconici che hanno lasciato un'impronta indelebile nella nostra cultura e nelle nostre memorie e ora quasi tutti in disuso.

Cinque di questi oggetti sono divenuti veri emblemi dell'epoca: il Cubo di Rubik, il Commodore 64, il gettone telefonico, la musicassetta e il Walkman. Ci hanno accompagnato in momenti indimenticabili, rappresentando sia la tecnologia all'avanguardia che l'espressione della nostra personalità.

Il **Cubo di Rubik** è stato uno dei rompicapi più famosi di tutti i tempi. Le sue facce colorate e il suo meccanismo di rotazione hanno affascinato milioni di persone in tutto il mondo. Con la sua complessità e le innumerevoli combinazioni possibili, è diventato un simbolo di sfida e di perseveranza. Mentre proviamo a risolvere questo enigma tridimensionale, ci immergiamo in un mondo di logica, strategia e pazienza.

Il **Commodore 64** è stato il personal computer che ha aperto le porte a una nuova era digitale. Con la sua tastiera e il monitor a colori, il Commodore 64 ci ha introdotto alla magia della tecnologia informatica. Era un'epoca in cui i giochi venivano caricati tramite cassetta e occorreva aspettare un bel po' prima di caricare un gioco o altro programma, e le prime esperienze di programmazione prendevano forma. Il Commodore 64 ha permesso alle persone di esplorare il potenziale dei personal computer, spingendo i limiti dell'immaginazione e aprendo nuove prospettive di apprendimento e di divertimento.

Personalmente ricordo il corso per corrispondenza fatto con l'allora celeberrima Scuola Radio Elettra di Torino. Che emozione quando mio papa' mi regalo' il corso da me tanto desiderato a 15 anni, e quando arrivo' il pacco con il computer e le dispense da studiare e studiare. Lo completai con il massimo dell'impegno e pieno d'entusiasmo.

 Il gettone telefonico: indimenticabile. Oggetto di grande importanza durante gli anni '80. Prima dell'avvento dei telefoni cellulari il gettone telefonico era l'unica moneta che ci permetteva di comunicare con il mondo esterno attraverso le cabine telefoniche e se non riuscivi a procurarteli addio telefonata. E' stato un simbolo di connessione e di comunicazione, una risorsa preziosa che ci permetteva di rimanere in contatto con gli altri. I gettoni telefonici erano sempre presenti nelle nostre tasche, pronti per essere utilizzati quando necessario.

La **musicassetta** era la nostra compagnia musicale portatile. Potevamo registrare le nostre canzoni preferite dalla radio o creare mixtape personalizzati. La musicassetta ci offriva la libertà di portare la nostra musica ovunque andassimo, ascoltando le nostre melodie preferite con le cuffie sui nostri Walkman. Era un modo intimo e personale di vivere la musica, di creare playlist che riflettevano il nostro umore e le nostre emozioni. La mia preferita per le registrazioni personalizzate era la TDK al cromo da 90. E la tua?

91

Infine il **Walkman** ha rivoluzionato il modo in cui ascoltiamo la musica. Creato dalla Sony, è stato il primo lettore di musicassette portatile ad essere ampiamente diffuso e ha avuto un impatto significativo sulla cultura musicale e sulla nostra esperienza di ascolto. Ha consentito alle persone di portare la loro musica preferita ovunque andassero. Con le cuffie ben sistemate sulle orecchie ci siamo potuti immergere in mondi sonori unici, creando la nostra colonna sonora personale mentre camminavamo per le strade, viaggiavamo in treno o facevamo jogging. È diventato un simbolo di libertà, permettendoci di allontanarci dalla realtà e di entrare in un universo di melodie e ritmi che rispecchiavano il nostro stato d'animo.

Ha influenzato il modo in cui abbiamo consumato la musica, consentendoci di ascoltare i nostri album preferiti in modo completamente personale. Non eravamo più legati alle radio o alle cassette in auto, ma potevamo portare con noi la nostra collezione musicale e selezionare le canzoni che volevamo ascoltare in ogni momento. Era un'esperienza intima e personale, che ci ha permesso di esplorare la musica in modo autonomo, di creare playlist e di immergerci nella nostra passione per la melodia e il ritmo.

Il Walkman è diventato anche un'icona di stile. Le sue dimensioni compatte e il design elegante lo rendevano un oggetto ambito, un accessorio da mostrare con orgoglio. Era un simbolo di modernità e di innovazione tecnologica, un oggetto desiderato che dava un tocco di personalità a chi lo possedeva. Con il Walkman, la musica non era solo un suono, ma un elemento visivo e tattile che ci permetteva di esprimere chi eravamo e ciò che ci piaceva.

Oltre al suo impatto culturale, il Walkman ha contribuito a creare un mercato in espansione per la musica portatile. Ha aperto la strada alla diffusione di lettori di CD portatili e, in seguito, degli mp3 player e degli smartphone che oggi utilizziamo per ascoltare musica ovunque ci troviamo. Il Walkman ha gettato le basi per la nostra esperienza di ascolto personale e per la portabilità dei nostri brani preferiti.

In sintesi, il Walkman è stato un'icona degli anni '80 che ha ridefinito il modo in cui abbiamo vissuto la musica. Ha offerto libertà, personalizzazione e uno stile distintivo. Rimane un simbolo di un'epoca in cui abbiamo scoperto la potenza di portare con noi la nostra musica preferita, di creare le nostre playlist e di vivere momenti indimenticabili con le melodie che hanno segnato le nostre vite.

Tutti questi oggetti iconici, come anche altri, sono stati testimoni di un'epoca di cambiamenti e di innovazione. Oggetti che hanno segnato la nostra cultura e il nostro stile di vita, rappresentando sia la potenza della tecnologia che la nostra voglia di esprimere la nostra personalità attraverso la musica, la conoscenza e il divertimento. Sono diventati simboli di un'epoca in cui l'esplorazione, la creatività e l'autenticità erano al centro delle nostre vite.

FUMETTI E VIDEOGIOCHI

Tra la fine degli anni '70 e gli anni '80 c'è stata una vera e propria esplosione creativa anche nel campo fumettistico, con storie che hanno affascinato intere generazioni con il loro stile unico e coinvolgente.

Nel panorama dei fumetti italiani di successo, non possiamo fare a meno di menzionare il fenomeno di **Topolino**, il celebre topo Disney che ha conquistato il cuore di milioni di lettori fin dalla sua prima apparizione nel 1932. Negli anni '70 e '80, Topolino era già una figura iconica, e le sue avventure a Paperopoli e nel resto del mondo hanno coinvolto intere generazioni di lettori con disegnatori storici che proprio in quel periodo hanno probabilmente toccato un apice di qualita' mai piu' raggiunta: tra questi De Vita, Carpi, Cavazzano, Asteriti, Gatto, Scala.

Con i suoi amici come Minni, Paperino, Pippo, Paperinik, e tanti altri personaggi memorabili, Topolino ha portato gioia e divertimento innumerevoli volte, offrendo storie appassionanti, gag esilaranti e insegnamenti preziosi. Tra le storie indimenticabili del decennio "La Trilogia della spada di ghiaccio".

Apprezzando l'eredità di questi intramontabili capolavori, ancora oggi come allora, la magia di queste opere ci trasporta in mondi fantastici, stimolando la nostra immaginazione e connettendoci con personaggi indimenticabili.

Tra i fumetti più di successo spiccano inoltre "**Diabolik**" e "**Tex Willer**". "Diabolik", il celebre ladro gentiluomo, ha incantato i lettori con la sua astuzia e il suo mistero, affrontando avversari coriacei e tenendo tutti col fiato sospeso. Nel frattempo, "Tex Willer" ha portato avanti un'incredibile saga western, con avventure epiche tra pionieri, indiani e fuorilegge. Con i suoi disegni mozzafiato e trame coinvolgenti, Tex ha saputo catturare l'immaginazione di milioni di appassionati di fumetti.

E poi ancora Zagor, Capitan America, Braccio di Ferro. Altri minori, con nomi improponobili ma mai dimenticati come Trottolino, Provolino, Soldino, Geppo, Nonna Abelarda.

Ma non fermiamoci qui! Negli anni '80, l'Italia è stata travolta dalla febbre dei **videogiochi**. Le sale giochi erano il luogo di ritrovo per giovani e adulti, affascinati dalla magia digitale dei giochi arcade. Ricordate il mitico "Pac-Man", l'adorabile mangiatore di palline gialle che ha segnato una generazione? E cosa dire di "Space Invaders", dove abbiamo dovuto affrontare una pioggia di alieni spaziali per salvare la Terra? O "Alex Kidd", ragazzino immaginario, protagonista di alcuni videogiochi per Sega Master System con musichina ipnotica.

I videogiocatori italiani sono stati conquistati da queste avventure virtuali e hanno abbracciato una nuova forma di intrattenimento senza precedenti.

Ma il fenomeno non si è fermato qui. Negli anni '80, i computer domestici hanno fatto il loro ingresso nelle case italiane, portando con sé una rivoluzione nella vita di molti. Il celebre "Commodore 64" ha dominato il mercato, permettendo a giovani menti curiose di programmare e giocare con titoli iconici come "Nuovo Medioevo", "Maniac Mansion" e "The Last Ninja".

EVENTI STORICI SIGNIFICATIVI

Decennio caratterizzato da importanti eventi storici che hanno segnato profondamente la società. Due di questi eventi in particolare hanno avuto un impatto significativo: la Guerra Fredda e il crollo del Muro di Berlino, nonché l'epidemia di AIDS e la sua influenza sulla società.

Guerra fredda e crollo del muro di Berlino

Decennio caratterizzato da tensione e scontro tra le due superpotenze mondiali dell'epoca: gli Stati Uniti e l'Unione Sovietica. Questo periodo è noto come la Guerra Fredda, un conflitto ideologico e politico che ha influenzato gran parte del panorama internazionale gia' dal decennio precedente.

Durante gli anni '80 il mondo era diviso in due sistemi contrapposti: il capitalismo, rappresentato dagli Stati Uniti, e il comunismo, rappresentato dall'Unione Sovietica. Questo confronto si è manifestato attraverso una serie di conflitti indiretti, competizioni tecnologiche, gare spaziali e tensioni militari, creando un clima di incertezza e paura.

In questo contesto, l'equilibrio del terrore era uno degli aspetti più rilevanti della Guerra Fredda. Entrambe le superpotenze avevano armi nucleari di grande potenza distruttiva e la minaccia di un conflitto nucleare era sempre presente. La paura di una guerra nucleare ha permeato la vita delle persone, alimentando la necessità di trovare un equilibrio e di evitare un conflitto diretto che avrebbe potuto causare una catastrofe globale.

Nonostante le tensioni, gli anni '80 sono stati anche un periodo in cui si sono verificati alcuni importanti dialoghi e accordi tra le superpotenze. Il presidente degli Stati Uniti, Ronald Reagan, e il leader sovietico, Mikhail Gorbachev, hanno intrapreso una serie di negoziati e incontri, cercando di migliorare le relazioni tra i due Paesi e di promuovere la pace. Questo ha portato a importanti trattati sul controllo degli armamenti e a un graduale miglioramento delle relazioni internazionali.

Uno degli eventi più significativi della Guerra Fredda avvenne proprio verso la fine degli anni '80: il crollo del Muro di Berlino nel novembre 1989. Questo evento simbolico segnò l'inizio della fine del sistema comunista in Europa orientale e aprì la strada alla riunificazione della Germania. Il crollo del Muro di Berlino rappresentò una vittoria per la libertà e per coloro che desideravano superare le divisioni e riunificare il continente.

Gli anni '80 furono un periodo di grande sfida e di tensione, ma anche di speranza e di cambiamento. La Guerra Fredda ha influenzato molteplici aspetti della vita quotidiana, dalla politica all'economia, dalla cultura alla sicurezza globale. Ha spinto le persone a riflettere sui valori fondamentali della democrazia, della libertà e dei diritti umani, e ha stimolato un dialogo globale sulla pace e sulla cooperazione.

Capitolo significativo nella storia contemporanea, che ci ricorda l'importanza di perseguire la diplomazia, il dialogo e il disarmo nucleare. È un periodo che ci insegna a non sottovalutare i pericoli del conflitto e a lavorare insieme per un futuro di pace e di stabilità. È un monito a non dimenticare le lezioni del passato e a impegnarci per un mondo più giusto e unito.

L'AIDS

Parallelamente, gli anni '80 sono stati un periodo in cui la nuova epidemia di AIDS ha raggiunto proporzioni globali, influenzando profondamente la società e la percezione della sessualità e della salute pubblica. L'AIDS, una malattia causata dal virus HIV, ha avuto un impatto devastante sulla vita di milioni di persone in tutto il mondo, portando a un aumento delle infezioni e delle morti legate alla malattia. L'epidemia ha suscitato paura, pregiudizio e discriminazione nei confronti delle persone affette da HIV/AIDS, mettendo in evidenza la necessità di maggiori sforzi per la prevenzione, la ricerca e la cura.

L'epidemia di AIDS ha avuto un profondo impatto sulla società, portando a una maggiore consapevolezza sulla salute sessuale e alla necessità di promuovere l'educazione, la prevenzione e il sostegno alle persone affette da questa malattia. Ha spinto la ricerca scientifica a cercare nuove terapie e cure per l'HIV/AIDS, nonché a promuovere la diffusione di informazioni accurate e a combattere la stigmatizzazione delle persone affette.

Entrambi questi eventi storici degli anni '80 - la Guerra Fredda e il crollo del Muro di Berlino, nonché l'epidemia di AIDS - hanno segnato un periodo di trasformazione e di profonde riflessioni sulla politica, la libertà, i diritti umani e la salute pubblica. Sono stati momenti di sfida e di cambiamento che hanno plasmato il nostro mondo e hanno lasciato un'eredità di resilienza, speranza e impegno per un futuro migliore.

EREDITÀ DEGLI ANNI '80

Il decennio Ottanta ha lasciato un'eredità indelebile nella società, influenzando in modo significativo la cultura popolare e il modo in cui viviamo oggi. Caratterizzato da una fusione di stili unici, da innovazioni tecnologiche e da una fervente creatività che ha reso gli anni '80 un periodo iconico nella storia contemporanea.

Una delle eredità più evidenti di quel periodo è stata indubbiamente la sua indiscussa influenza sulla moda e sullo stile.

È stato un decennio in cui le espressioni individuali erano audaci e spesso eccentriche. I colori vivaci, le spalline imponenti, i leggings fluo e gli abiti oversize hanno definito un nuovo standard lasciando un'impronta indelebile nel nostro concetto di stile.

Ancora oggi, possiamo vedere richiami agli anni '80 nella moda contemporanea, con marchi che reinterpretano l'estetica retrò e i look iconici di quell'epoca.

La cultura degli anni '80 ha anche avuto un impatto significativo sulla musica. È stato un periodo di grande sperimentazione e di evoluzione di diversi generi musicali. La musica pop, l'hip-hop, il rock e la musica dance hanno raggiunto il loro apice di popolarità, producendo un'incredibile varietà di artisti e brani indimenticabili. Le icone della musica degli anni '80 hanno influenzato intere generazioni di artisti successivi, lasciando un'impronta indelebile sulla scena musicale moderna.

Gli anni '80 sono stati anche un periodo di grandi innovazioni tecnologiche. È stato l'epoca in cui i personal computer sono entrati nelle nostre case, aprendo le porte a un nuovo mondo di opportunità. L'avvento del Walkman e delle musicassette portatili ha rivoluzionato il modo in cui ascoltiamo la musica e ci ha permesso di portare la nostra colonna sonora ovunque andassimo. L'introduzione dei primi telefoni cellulari ha segnato l'inizio di una rivoluzione nella comunicazione e ha cambiato il nostro modo di connetterci con gli altri. Tutte innovazioni che hanno gettato le basi per il mondo digitale in cui viviamo oggi, in cui la tecnologia permea ogni aspetto della nostra vita quotidiana.

Ma l'eredità degli anni '80 va oltre la moda, la musica e la tecnologia. È stato un periodo in cui le persone si sono ribellate contro le ingiustizie sociali e hanno lottato per la diversità, l'uguaglianza e i diritti umani. Le lotte per i diritti civili, per i diritti delle donne e per i diritti LGBTQ+ hanno raggiunto una nuova rilevanza, contribuendo a plasmare l'evoluzione sociale e culturale che abbiamo sperimentato da allora.

Insomma gli anni '80 hanno lasciato un'impronta duratura nella società grazie alla loro cultura eclettica, alla creatività esplosiva e all'audacia nell'espressione individuale. Ancora oggi, possiamo ritrovare richiami nella moda, nella musica e nella cultura popolare. L'eredità indiscussa è una testimonianza della forza e dell'impatto che un decennio può avere sulla società e continua ad ispirare e influenzare le generazioni future. Gli anni '80 ci hanno insegnato a sperimentare, a essere audaci e a abbracciare la nostra individualità, e queste lezioni sono ancora presenti nel tessuto culturale della nostra società moderna.

Nell'immensa tela del tempo, certi momenti si colorano di toni così distinti che sembrano racchiudere in sé l'essenza di un'intera epoca. Quel decennio di fervore degli Ottanta, di contraddizioni e di cambiamenti irripetibili, sembrano ora accostarsi a una conclusione silenziosa. Con la recente scomparsa di campioni inarrivabili quali Paolo Rossi e Diego Maradona e la recente scomparsa di Silvio Berlusconi, il sipario sembra scendere su un capitolo che ha scolpito profondamente l'identità di un'intera generazione.

Attraverso lo specchio antropologico Paolo Rossi e Diego Maradona, due giganti calcistici dalle sfumature diverse, incarnano l'anima di un'epoca in cui lo sport divenne un linguaggio universale. Rossi, simbolo di riscatto personale e nazionale, è la testimonianza che la dedizione e il talento possono superare le sfide più scabrose. Maradona, al contrario, come la personificazione dell'anarchia creativa, un'icona che oltrepassò i confini del gioco per entrare nella mitologia popolare. Con la loro scomparsa, un capitolo del calcio e delle passioni da essi incarnati sembra chiudersi definitivamente, anche se il ricordo e la memoria rimarranno indelebili.

Ma gli anni '80 non furono soltanto sport e divertimento. Furono un'era in cui la politica si intrecciava con la cultura, e dove i cambiamenti tecnologici accendevano il cammino verso il futuro. La figura di Silvio Berlusconi, l'inventore della tv commerciale dai toni sfavillanti ha incarnato l'ascesa della personalità mediatica nella politica e nell'opinione pubblica. Berlusconi, imprenditore carismatico e controverso, ha rappresentato un cambiamento profondo nella percezione della leadership politica, aprendo la strada a una nuova forma di coinvolgimento popolare.

Con queste figure iconiche scomparse, sembra che l'ultimo atto degli anni '80 stia giungendo al termine, anche se la fine di un'epoca non implica che il suo impatto svanisca.

Gli anni '80 continuano a riverberare nelle fondamenta culturali e sociali del presente. La musica, la moda, la tecnologia e l'atteggiamento verso la vita portano ancora il segno indelebile di quegli anni scintillanti. L'antropologia ci insegna infatti che la chiusura di un ciclo spalanca le porte a nuove opportunità e cambiamenti, traendo ispirazione dalle conquiste e dalle sfide di un'epoca ormai archiviata.

Valori e influenze sulle generazioni successive

I valori e le esperienze della *Generazione Goldrake* hanno avuto un impatto significativo sulle generazioni successive, plasmando il modo in cui viviamo, pensiamo e ci relazioniamo al mondo che ci circonda. Nonostante il passare del tempo, i valori e le lezioni apprese in quel decennio continuano a essere rilevanti e ad influenzare la nostra società odierna.

Una delle caratteristiche distintive della generazione è stata la sua ricerca di libertà e di espressione individuale.

Questa generazione ha vissuto un'epoca in cui l'originalità e l'audacia erano celebrati, incoraggiando le persone a abbracciare la propria unicità e a perseguire i propri sogni. Questo spirito di libertà e autenticità ha continuato a influenzare le generazioni successive, spingendo le persone a essere più assertive, a seguire le proprie passioni e a cercare un senso di realizzazione personale.

Gli anni '80 hanno anche portato con sé una mentalità di resilienza e di adattamento al cambiamento. Durante quel decennio, il mondo ha vissuto una serie di eventi storici e sfide sociali ed economiche.

E cosi' la *Generazione Goldrake* ha imparato a navigare attraverso questi ostacoli, a trovare soluzioni creative e a cercare opportunità anche in tempi difficili. Questa capacità di adattamento e di perseveranza ha continuato a essere una risorsa preziosa nelle generazioni successive, incoraggiando le persone a non arrendersi di fronte alle avversità e a cercare soluzioni innovative.

Ha imparato ad adattarsi rapidamente alle nuove tecnologie e a sfruttarle per ampliare le proprie opportunità. Le generazioni successive hanno ereditato questa familiarità con la tecnologia e hanno continuato a sviluppare nuove soluzioni digitali, aprendo le porte a un mondo sempre più connesso e innovativo.

Ha anche sperimentato importanti lotte per i diritti umani, l'uguaglianza di genere e la diversità. Le battaglie per i diritti civili, per i diritti LGBTQ+ e per l'uguaglianza hanno avuto un ruolo significativo negli anni '80, portando a importanti cambiamenti sociali, lasciando un'eredità di inclusione e tolleranza che continua ad ispirare le generazioni successive a promuovere la giustizia sociale e a costruire un mondo più equo.

In conclusione, i valori e le esperienze della Generazione Goldrake hanno avuto un impatto duraturo sulle generazioni successive. La ricerca di libertà, di autenticità e di espressione individuale, insieme alla resilienza, all'adattabilità e all'uso delle nuove tecnologie, ha continuato a plasmare il nostro modo di vivere e di interagire.

Una testimonianza vivente dell'importanza di abbracciare la nostra unicità, di perseverare nelle avversità e di lottare per la giustizia e l'uguaglianza. Continuiamo a imparare dalle lezioni di questa generazione e a lavorare per un futuro migliore, ispirati dalla sua eredità di coraggio, creatività e impegno sociale.

I MIEI ANNI 80

Sono catapultato indietro nel tempo, negli anni '80, nella splendida Scalea, incantevole cittadina sul mare nell'alta Calabria tirrenica. Una localita' che ha vissuto in quel decennio un boom turistico/edilizio/demografico senza eguali; che abbinato al boom economico nazionale gia' presente creo' un mix esplosivo di energia positiva.

Un solo dato per tutti: nelle estati di quel decennio a Scalea si arrivo' all'incredibile numero di ben undici discoteche attive in contemporanea. Molte con nomi esotici: Paradise, Paper Moon, Mon Ami, Shark...

Per un sedicenne un vero e proprio Paese di Bengodi.

Mi ritrovo cosi' al Liceo Scientifico Metastasio di Scalea, circondato dai miei compagni di classe, pronti a vivere un'altra giornata che sento sarà indimenticabile.

La mattina inizia con un'aria frizzante e l'odore di salmastro che si mescola con il profumo delle pagine dei nostri libri. L'atmosfera è permeata da una spensieratezza contagiosa, una sensazione di libertà e di scoperta che permea l'aria. In sottofondo "Save a prayer" dei Duran Duran, "Shout" dei Tears for Fears o altra musica irripetibile che risuona dalle radio e dalle cassette che portiamo con noi, creando una colonna sonora vibrante e coinvolgente che accompagna le nostre giornate.

Mi sveglio con il suono del mio vecchio radio sveglia che trasmette le note di un pezzo dei Modern Talking. La giornata inizia con una scarica di energia e anticipazione, perché so che mi aspetta una mattinata piena di nuove avventure nella classe IV C del Liceo Scientifico Metastasio di Scalea negli anni '80.

Indosso i miei jeans a vita alta e una maglietta colorata con stampa fluo, con una giacca jeans pastello con spalline alla Simon Le Bon, in perfetto mood con lo stile vivace e eccentrico dell'epoca. Faccio colazione con un'abbondante dose di biscotti Athena superzuccherati, mentre l'eccitazione mi pervade. Prendo i miei pochi libri e quaderni, ma anche una rivista di musica e un walkman, perché sì, voglio ascoltare la mia musica preferita durante le pause.

Arrivo a scuola e l'atmosfera è elettrizzante. I corridoi risuonano di chiacchiere e risate, mentre tutti si preparano per la prima lezione. Nel lontano angolo del corridoio, sento il suono distintivo di una campanella che segna l'inizio delle lezioni. Mi precipito in classe, cercando di non far inciampare nessuno per il trambusto dell'ora di punta.

I banchi sono in legno consumato, ognuno con il suo graffito e un po' di storia incisa. Il professor Galiano entra in classe con un sorriso accogliente, pronto a condurci in un viaggio nella lingua e nella letteratura italiana. Con il suo carisma e la sua passione per la letteratura, riesce a rendere le lezioni coinvolgenti e stimolanti. Ci trasporta nelle opere di grandi autori italiani come Pirandello, Moravia e soprattutto in quelle del suo preferito, il Vate D'Annunzio, facendoci apprezzare la bellezza delle parole e la profondità dei significati. Ciao Franco, ci mancherai.

Oggi si parla di Dante Alighieri, e le sue spiegazioni sono così coinvolgenti che ci sentiamo trasportati nella Firenze del Medioevo.

Durante le pause, i corridoi si animano di vita. Ci raduniamo in gruppi, scambiando chiacchiere sulle ultime novità della musica e del cinema. Qualcuno tira fuori un walkman, e presto la musica degli anni '80 riempie l'aria, creando una colonna sonora vivace per la nostra pausa.

Nonostante l'impegno negli studi, c'è sempre spazio per la leggerezza e il divertimento. Le pause tra le lezioni sono l'occasione perfetta per chiacchierare con i fantastici compagni d'avventura della sezione C, scherzare e ridere senza pensieri.

I corridoi della scuola si riempiono di voci allegre e risate contagiose, mentre la musica degli anni '80 continua a suonare nelle nostre orecchie.

Si riparte con le lezioni degli altri indimenticati professori: la matematica del reggitano Marra, la filosofia di Serio, l'inglese della prof. Di Giorno, Cosentino per il disegno e Amatuzzo per le ore d'aria di educazione fisica. Solo per citarne alcuni.

Suona la fatidica campanella che annuncia la fine della mattinata e lasciamo l'aula con un sorriso sulle labbra. Le nostre menti sono piene di conoscenza e ispirazione, pronte per affrontare tutto ciò che il pomeriggio ci riserverà.

Ci salutiamo con promesse di ritrovarci dopo la scuola, magari per organizzare il celeberrimo e tanto atteso Mak π, o un incontro serale sotto i portici del centro.

Quella mattinata a scuola nel Liceo Scientifico Metastasio di Scalea negli anni '80 è stata una miscela di emozioni, cultura e divertimento. Come molte altre di quel periodo. I ricordi di quegli anni riempiono di calore e nostalgia, ricordandomi di quanto fosse speciale vivere in quel momento unico nella storia.

Le nostre avventure si spostano anche fuori dalle mura scolastiche. Scalea, con le sue spiagge sabbiose e il mare cristallino, diventa il luogo ideale per trascorrere i pomeriggi estivi dopo la scuola. Ci immergiamo nell'acqua salata, facciamo gruppo e ci rilassiamo al sole, godendo di ogni attimo di spensieratezza e libertà.

Le serate sono invece riservate al cazzeggio piu' spensierato possibile. Le vie del centro e i "muretti" si trasformano in una sorta di moderno "gruppo whatsapp", dove si mischiano energia giovanile e un desiderio irrefrenabile di entrare in pieno nello spirito del tempo. E poi balliamo al ritmo di brani indimenticabili come "Take On Me" degli A-ha o "The Final Countdown" degli Europe. Sono momenti di pura gioia, di condivisione e di energia che ci fanno sentire invincibili.

L'eta' giovanile influenza solo in parte tale giudizio o ricordo, perche' oggettivamente, con il senno di poi, e al netto di aspetti non positivi in vari settori della società che ovviamente appartengono ad ogni epoca, non si puo' non riconoscere a quel periodo l'aura di una speciale energia positiva collettiva venuta man mano a scemare.

I ricordi di quegli anni sono un tesoro da custodire nel profondo del cuore. La spensieratezza, l'amicizia e l'atmosfera unica di quel periodo sono rimasti indelebili nella memoria di chi li ha vissuti. Rivivere quei momenti fa apparire un sorriso e fa sentire grato per aver fatto parte di un'epoca così speciale.

E così, mentre mi immergo nella piacevole nostalgia degli anni '80 di Scalea, mi rendo conto di quanto quei momenti abbiano contribuito a plasmare le persone che oggi siamo diventati.

Sono grato per quei professori appassionati che hanno contribuito a formarci per quel che ora siamo; grato ai fantastici compagni di classe, con i quali ci si rivede ancora annualmente, per tutte le esperienze condivise, come l'indimenticabile gita a Parigi con annesso mòrbillo. Gli Ottanta resteranno per sempre incisi nel cuore di chi li ha vissuti come un periodo di vita davvero speciale, colmo di sogni, energia e amicizie, con una meravigliosa colonna sonora che ha reso tutto ancora più magico.

Anni che ci hanno reso eterni nella magia dei ricordi, noi che sfidavamo il vento con i nostri capelli cotonati, ballando al ritmo di vinili e con una voglia matta di scoprire il mondo.

VC Liceo Metastasio Scalea – 1987/88

CONCLUSIONE

Un'epoca davvero unica gli anni Ottanta, e per molti versi probabilmente irripetibile, e attraverso le pagine di questo libro ho cercato di trasmettere l'essenza di quei tempi straordinari, da chi li ha vissuti personalmente e intensamente.

Affiora un sorriso sul viso nel pensare a tutti i ricordi vissuti e condivisi, da noi della Generazione Goldrake, e mi rendo conto di quanto siamo stati fortunati ad esser stati protagonisti di un periodo così ricco di energia, creatività e cambiamento. Gli anni '80 hanno rappresentato una vera e propria esplosione di cultura popolare, di innovazioni tecnologiche e di rivoluzioni sociali.

Abbiamo ballato sulle note incalzanti di hit indimenticabili, abbiamo indossato abiti dalle colorazioni vivaci e abbiamo sperimentato stili audaci che ci facevano sentire unici.

Abbiamo trascorso pomeriggi interi fuori casa solo con un supersantos e delle figurine, null'altro, ed eravamo felici.

Abbiamo assistito all'ascesa di artisti straordinari che hanno lasciato un'impronta indelebile nella storia della musica, del cinema e dell'arte, e che hanno influenzato non solo il nostro gusto, ma anche il modo in cui ci siamo espressi e abbiamo affrontato le sfide della vita.

Ma gli anni '80 non sono stati solo superficie e apparenza. Abbiamo anche vissuto tempi di profondo cambiamento sociale e politico. Abbiamo assistito al crollo del Muro di Berlino e alla fine della Guerra Fredda, eventi che hanno portato speranza e rinnovamento in tutto il mondo. Abbiamo lottato per i diritti civili, per l'uguaglianza di genere e per un mondo più inclusivo. Siamo stati testimoni di una generazione che ha cercato di aprire le porte al progresso e alla libertà, che ha sognato un futuro migliore e ha lavorato duramente per realizzarlo.

In quest'ottica siamo stati e siamo tutt'ora una generazione che ha abbracciato l'unicità e la diversità, che ha cercato di superare gli ostacoli e di perseguire i propri sogni, sempre con positivita' e un pizzico di leggerezza.

Una generazione che ha sentito, e continua a percepire, l'importanza di **portare con se' i valori e gli insegnamenti di quegli anni: la creatività, l'autenticità, la resilienza, il romanticismo, la perseveranza e il forte desiderio di rendere il mondo un posto migliore.**

Che tu sia un membro della generazione Goldrake o un lettore che ha scoperto l'essenza di quel momento unico attraverso questo libro, spero possa portare con te l'eredità di quel periodo storico irripetibile nel tuo cammino verso il futuro.

"Cosa restera' di questi anni Ottanta... Chi la scattera' la fotografia!" cantava Raf.

Ecco, quella fotografia ho provato a scattare con questo libro.

Dedicato a tutti quei lettori, di ogni epoca e generazione, che desiderano comprendere piu' a fondo il presente attraverso una conoscenza piu' approfondita del passato.

E dedicato a tutti noi, quelli della **"Generazione Goldrake"**.

Noi che rimarremo i gelosi custodi dei ricordi colorati di un periodo unico e indimenticabile, danzando nella nostalgia di un'epoca senza confini, tra walkman e spalline, portando con orgoglio l'eredità di una generazione unica.

Appunti

Printed in Great Britain
by Amazon

32573634R00063